Gartenwelten

Südtiroler Porträts

Gudrun Sulzenbacher

Gartenwelten

Südtiroler Porträts

Fotos von Maria Gapp und Howard Sooley
Nach einer Idee von Martina Schullian und Sepp Kiem

Folio Verlag

Dank
Wir danken herzlich allen hier porträtierten Gartenmenschen für das Engagement und die Zeit, die sie für dieses Buch aufbrachten.
Weiter danken wir Irene Schullian, die uns in botanischen Belangen verbindlich beraten hat.
Unser besonderer Dank gilt Irene Gasser – sie ist uns mit Enthusiasmus und fachlicher Kompetenz zur Seite gestanden.

Bildnachweis
Gärten von Schloss Trauttmansdorff (Foto Marion Prossliner): 102, 104, 109 o.
Dieter Janek: 11 ol, 11 ul
Sepp Kiem: 148, 149
Gerhard Pugneth: 15 ul
Howard Sooley: 68, 69, 78, 79, 80, 81 o, 81 ur, 97 ul, 99 o, 99 u, 100 ol, 101, 103, 108 u, 137, 138 or, 138 ul, 139 l, 139 r, 143
Alle übrigen Fotos stammen von Maria Gapp.

1. Auflage 2007

Grafische Gestaltung: no.parking, Vicenza
Scans und Druckvorbereitung: Typoplus, Frangart
Druck: Printer, Trento
ISBN 978-3-85256-364-0

www.folioverlag.com

Inhalt

← Am Penzlhof (Seite 68 ff.)

Gartenwelten

Gärten sind in unserer übertechnisierten Welt mehr denn je gefragt: Als Rückzugsgebiete, als Ruhepole, als Kraftorte, als Räume der Inspiration oder gar als Mittel gegen das Fernweh.
Egal, ob Gartenenthusiasten bloß eine Terrasse zur Verfügung steht oder ein ausgedehntes Grundstück – sie genießen das Gefühl, etwas Eigenes zu schaffen. Die einen begeistern sich am Zusammenspiel der Farben und Formen, die anderen lieben das Experiment mit alten Sorten oder führen die Tradition bäuerlicher Gärten fort; wieder andere treibt die Lust an naturnaher Erfahrung an oder die Freude an der Domestizierung der Natur. Welche Motivation auch immer zu Grunde liegen mag, ein Garten bedeutet stets eine Partnerschaft mit der Natur.

Wer einen Garten betritt, begegnet zugleich dem Menschen, der dahinter steht. Genau das ist es, warum wir – die Inhaberin einer Gärtnerei und der Gartenliebhaber – dieses Buch über Gärten und Gartenmenschen in Südtirol angeregt haben; genau das ist es, was uns neugierig macht und fasziniert: Jeder Garten ist immer auch ein Spiegelbild der Persönlichkeit, die ihn gestaltet.

So mag es auch nicht verwundern, dass wir auf sammelsüchtige, künstlerische, leidenschaftliche, exzentrische, unbekümmerte und penible Menschen gestoßen sind – und dementsprechend auf viele interessante und bemerkenswerte Gärten, weit mehr, als in diesem Buch Platz gehabt hätten. Die Auswahl, die wir gemeinsam mit dem Verlag getroffen haben, gibt einen repräsentativen Querschnitt verschiedener Gartentypen wieder.
Wir danken allen, die uns Einblick in ihre Gartenwelten gewährten und damit auch in ihre Leidenschaften und – ein wenig – in ihre Persönlichkeit.

Martina Schullian *Sepp Kiem*

Dieter Janek vor Japanischer Faserbanane – mit einem Gastgeschenk der Höhlenmenschen

ORT DER SEHNSUCHT

Gärten sind auch ein Spiegel des Charakters ihrer Besitzer. Das Pflanzenreich von Dieter Janek drückt etwas von der Sehnsucht aus, die ihn in ferne Länder treibt. Baumfarne und Bananenstauden erinnern den Eppaner Biologielehrer an abenteuerliche Urwaldreisen und Begegnungen mit Höhlenmenschen, winterharte Sukkulenten lassen ihn von der Schönheit karger Steppen träumen.

Neues entdecken – das wollte Dieter Janek immer schon. Als Kind zog es ihn weg vom Sandkasten hinunter ins Dorf, als Jugendlicher kannte er alle Pilze in den Wäldern ringsum. Heute sucht er das Abenteuer in der Ferne: in den Bergnebelwäldern Ugandas etwa, oder in tibetischen Steinwüsten. Dabei lernt er nicht nur die Wunder der Natur und seine eigenen Grenzen, sondern auch faszinierende Leute kennen. Mit vielen von ihnen verbindet ihn eine tiefe Freundschaft. Immer wieder besucht Dieter Janek die Taot Bato, ein kleines Volk von Höhlenmenschen auf den Philippinen, das erst vor wenigen Jahren entdeckt wurde. Von ihnen lernte er, Fledermäuse zu jagen, aus Fröschen und Schlangen schmackhafte Saucen zu bereiten, vor allem aber: zufrieden zu sein. „Dort bleiben könnte ich nicht, aber ich bin glücklich, dass ich mit ihnen leben durfte." Und weil er seine Freunde wiedersehen wird, trägt er ab und zu ihre Gastgeschenke in den Garten und übt sich dort mit Blasrohr, Pfeil und wunderschön verziertem Speer. Auch Pflanzenraritäten hat er mit-

gebracht, einen Baum etwa, den die Taot Bato „Lupa" nennen und dessen Blätter bei Berührung weit heftiger schmerzen als unsere Brennnessel, oder einen Farn ohne Sporen, der noch seiner botanischen Bestimmung harrt.

Vieles in seinem Garten bezieht sich auf Reisen: „Bananenstauden sind für mich der Inbegriff der Tropen. Am liebsten würde ich jetzt ein Blatt abreißen, mich hinsetzen und ein Essen darauf ausbreiten." Tatsächlich kann er die Blüten der Japanischen Faserbanane zu einem saftigen Gericht dünsten, und auch die Pflege der an sich anspruchsvollen *Musa basjoo* gelingt ihm trefflich: Die (Schein-)Stämme erreichen eine Höhe von 4 m, bis zu 3 m lang sind die breiten Blätter. Im Garten eines Weltenbummlers darf der „Baum der Reisenden" nicht fehlen; seine Fächer zeigen in zwei Richtungen. Janeks Lieblingspflanze aber ist der Baumfarn, der an Touren im Regenwald, an Tasmanien und gar an das erdgeschichtliche Karbonzeitalter erinnert. *Dicksonia antarctica* versteht Dieter Janek gut zu halten: Er überwintert sie im Freien und lässt den rotbraunen, mit Luftwurzeln bedeckten Stamm nie austrocknen. Im Übrigen legt er sich daneben ins Gras, blickt durch die Wedel zum Himmel – und genießt: Garten sei für ihn nicht Zeitvertreib, sondern Zeitgenuss.

Die Ärmel gehörig hochkrempeln – wenn auch nur kurzfristig – musste Dieter Janek bei der Anlage seines Trockenbeets. Die „umwerfende" Idee dazu lieferte ihm eine alte Zeder, die von einem Sturm umgerissen wurde und im zerklüfteten, felsigen Boden ein riesiges Loch hinterlassen hatte. Was tun mit einem Krater im Garten? Anstatt einen Rasen anzulegen und dafür viele Kubikmeter Erde anzukarren, entschied sich der Wüstenkenner für Kakteen, und holte ... noch mehr Steine. „Man möchte kaum glauben, dass unter diesen 45 m^2 zwei Wagenladungen Schotter liegen", sagt der wackere Mann und lacht. Zur Überwinterung robuster Sukkulenten im Freien sei nämlich nicht nur ein sonniger, nach Süden geneigter und luftiger Stand-

Baumfarn und „Baum der Reisenden"

ort nötig, sondern vor allem ein guter Wasserabzug: In einem Boden, der nicht abtrocknen könne, drohe Fäulnis, und das führe zum Verlust der ganzen Sammlung.

Seine stachelige Gesellschaft aber wächst und gedeiht – und bleibt dennoch ein „Steingarten", dominiert vom dunklen Rot des sonnendurchglühten Porphyrgerölls. Dieter Janek hat nämlich – unter vorausschauender Berücksichtigung des künftigen Zuwuchses – beim Pflanzen weiten Abstand gehalten und außerdem eine gute Auswahl getroffen: *Cylindropuntia imbricata* zum Beispiel ist ebenso unempfindlich gegen Kälte wie *Opuntia hystricina* – deren Name zu Recht an ein Stachelschwein erinnert. Welche Arten von Yucca, Echinocereus, Escobaria und Mammillaria sich fürs Freiland eignen, das hat Dieter Janek inzwischen genauso erprobt wie die Winterhärte diverser Agaven. „Man muss eben probieren – und sich informieren: über das Ursprungsland einer Pflanze, über ihre Bedürfnisse."

Dann fällt ihm ein, dass er vielleicht ein Bierchen holen könnte, oder doch ein paar Tomaten aus seinem Nutzgarten? Ganzheitlich ist das Gartenleben des Dieter Janek: Mit Kakteen träumt er von der weiten Welt, mit Obst und Gemüse hält er sich fit für das nächste Abenteuer.

↑ *Yucca filamentosa*
↗ Yuccablüte im Trockenbeet
↓ *Aloe aristata, Opuntia phaeacantha var. discata* und zwei *Echinocereus reichenbachii*

469

SAMMLER AUS PASSION

Am Anfang war es nur die gewöhnliche Hauswurz. Aus kindlicher Neugier erwuchs im Laufe von 30 Jahren eine Leidenschaft für die sukkulente Welt – und aus einer selbst gebastelten Kiste wurden drei Gewächshäuser und ein Trockenbeet. Darin pflegt Gerhard Pugneth heute rund 2 000 Wüsten- und Steppenpflanzen.

Warum ausgerechnet Kakteen? „Diese Frage", sagt Gerhard Pugneth, „hab ich mir auch schon gestellt." Dabei legt er seine Hand auf die pelzigen Wollbüschel einer stachellosen Kugel und schaut suchend umher, als wachse die Antwort auf den scharfkantigen Keulen und abgerundeten Zylindern, aus den fleischigen Rosetten und gehökerten Rippen. „Die Natur hat mich schon als Kind fasziniert, ständig war ich auf Streifzug in den Wäldern." Aus dem trockenen Gelände rund um Oberplanitzing bei Kaltern stammte auch seine erste Hauswurz und mehrere Sorten Mauerpfeffer. „Gesammelt habe ich vieles: Briefmarken, Schallplatten, Münzen – geblieben sind die Kakteen. Sie sind lebendig, sie zeigen mir die Bewegung in der Natur, den Wechsel der Jahreszeiten. Einjähriges Grün, aufgebraucht nach nur einer Saison, interessiert mich nicht. Mich reizt es, Pflanzen über eine lange Zeit zu ziehen und zu beobachten." Wie groß sei doch die Freude, wenn ein Kaktus nach Jahren zum ersten Mal blühe!

Kakteen gehören zu den Lebenskünstlern im Pflanzenreich. Wer sie in ihrer faszinierenden Blütenfülle erleben will, muss etwas von der Lebensweise der wehrhaften Gesellen verstehen. Gerhard Pugneth kennt die Schutzmaßnahmen, mit denen sie dem Wassermangel vorbeugen, der intensiven Sonneneinstrahlung, dem starken Wind, den Temperaturschwankungen und dem Wildfraß. Er kennt auch die raffinierten Strategien, mit denen die Wüstensöhne ihre Fortpflanzung in einer extrem lebensfeindlichen Umgebung sicherstellen: Kakteenblüten sind auffällig gefärbt und dadurch weithin sichtbar, um Insekten anzulocken.

Ab Februar lugen die ersten Knospen aus dem Dornenkleid hervor, dann explodiert ein Blütenmeer in leuchtenden Farben: Je nach Gattung halten die Blüten von einem bis zu zehn Tagen. Die lamellenrippigen Echinofossulokakteen aus den Grassteppen Mexikos zählen zu den Frühaufstehern, etwas später erscheinen die Blüten an den Arten von Gymnocalcium und Notocactus aus den Savannen Südamerikas. Mammillarien, die „Warzenkakteen", blühen schon als Jungpflanzen, *Cephalocereus senilis* dagegen, der weißbehaarte Säulenkaktus aus dem mexikanischen Senilistal und als „Greisenhaupt" bekannt, blüht erst, wenn er eine Höhe von etwa 6 m erreicht hat; *Echinocactus grusonii* gar erst bei einem Durchmesser von etwa 60 cm. Von diesem gelbbedornten Kugelkaktus aus Mexiko mit dem sarkastischen Spitznamen „Schwiegermuttersessel" besitzt Pugneth 30 Jahre alte Exemplare; er nennt sie liebevoll „kleine Fässer".

Sukkulenten haben mehr zu bieten als Blüten. Lebende Steine etwa faszinieren den Sammler wegen ihrer bunten, geweihartigen Zeichnungen auf den ebenen Endflächen der dickfleischigen Blattpaare. An anderen Gattungen interessiert ihn die Form – die er gekonnt zu inszenieren weiß: Stattliche Agavenblätter geben Seite an Seite mit kugeligen Echinocactus und hoch emporragenden Säulen von Cereus ein ebenso prächtiges wie bizarres Bild. Die Vielfalt der Opuntien und Euphorbien zeigt sich in kandelaberartig verästelten Stämmen, sparrigen Stängeln und schlangenförmigen Trieben. Sie wachsen in den weißgekalkten Pflanzbecken zwischen Steinen und Kies, als befänden sie sich an ihrem natürlichen Standort.

Nicht alles ist ausgepflanzt und in naturnahen Arrangements angeordnet. Viele Exemplare stehen in Töpfen, fein säuberlich beschildert und nach Arten getrennt: „Ich hab ja so viele, und von den meisten Gattungen einen kleinen Querschnitt." Auch ein Favorit ist dabei: Ferocactus. Davon besitzt Pugneth eine fast vollständige Sammlung. Er liebt diese graugrünen Kugeln vor allem wegen ihrer massiven und auf-

Gerhard Pugneth inmitten von Mammillarien
und Thelocactus

← Gerhard Pugneth mit *Pilosocereus palmeri*, den er bald wieder köpfen und neu bewurzeln wird.
↗ Eines der drei Kakteen-Gewächshäuser von Gerhard Pugneth

fällig gefärbten Bedornung. Was fehlt noch? „Ich bin zufrieden", lautet die für einen Pflanzenjäger eher untypische Antwort. „Das, was ich habe, will ich ordentlich pflegen."

Dies bedeutet bei Sukkulenten im Winter zunächst einmal: nichts tun! Viele Kakteenfreunde missachteten die Ruhezeit ihrer Pfleglinge. Von Oktober bis März werden Sukkulenten hell und bei Temperaturen von 6–10 °C gehalten und nicht gegossen. „Ich weiß, es fällt oft schwer, hart zu bleiben, vor allem dann, wenn der Kaktus schon Schrumpffalten zeigt." Aber die kühle und trockene Überwinterung ist der entscheidende Faktor für die Blüte. Erst, wenn die Pflanze neues Wachstum zeigt, darf man wieder gießen: am besten mit Regenwasser, alle zwei Wochen und durchdringend. Nach jedem Guss muss die Erde wieder abtrocknen können, deshalb ist grober Schotter als Drainage genauso wichtig wie ein Substrat aus Bimskies, Vulkangrieß und wenig Erde.

Übrigens: Handschuhe benötigt Pugneth beim Umtopfen im Jänner keine: „Da habe ich ein Gefühl entwickelt wie ein Fakir." Aber warum ausgerechnet Männer Kakteen lieben – kaum zehn Prozent der Fans sind Frauen –, das kann auch er sich nicht erklären.

↑ Die Familie Astrophytum, rechts zwei Melocactus in der Jugendform
↓ Cleistocactus in Blüte, *Agave parryi*, Haworthienblüte, Mammillarien

Lebende Steine →→

↑ Vanda-Hybriden → Georg Unterkofler mit *Dendrobium bracteosum* 'White'

IM BANN DER ORCHIDEEN

Georg Unterkofler ist Sammler. Seine gärtnerische Leidenschaft gehört einer einzigen botanischen Familie, doch von dieser hortet er Hunderte Exemplare. Nicht jedem öffnet er seine Schatzkammer. Aber wer sein Gewächshaus am Stadtrand von Bozen besuchen darf, hält den Atem an: Südsee-Stimmung pur!

Aus dem warmen Sprühnebel taucht ein tropischer Dschungel auf, ein Gewirr aus dicken Luftwurzeln, hängenden Töpfen, fleischigen Blättern – und spektakulären Blüten! Manche sind groß wie Untertassen, andere klein wie Fingernägel. Die einen sehen aus wie Fliegen, andere ähneln zierlichen Pantoffeln. Einige Orchideen breiten ihre bunten Blütenblätter aus wie Schmetterlinge ihre Flügel, andere verströmen betörenden Duft.

Hunderte Vandeen, berühmt wegen ihres einzigartigen Blütenspektrums, darunter die blaue *Vanda caerulea*, scheinen die Favoritinnen des Besitzers zu sein. Sie gedeihen nur bei hoher Luftfeuchtigkeit und sind daher für unsereinen, der Orchideen normalerweise im Zimmer zieht, ein kurzes Vergnügen – wenn überhaupt. Hier im Glashaus aber, bei 90 % Luftfeuchtigkeit und 23 °C, blühen die exotischen Gewächse monatelang und mehrmals im Jahr.

Einem Spezialisten, der solche Farb- und Formenpracht hält, möchte man viele Fragen stellen, doch der „Schorschi" steht schon wieder am Arbeitstisch beim Umtopfen. Mit Kennerblick prüft er, ob ein Substrat verdichtet ist, mit scharfem Schnitt entfernt er faule Wurzeln, mit schnellem Griff und doch größter Vorsicht füllt er neuen Pflanzstoff ein. An manchen Tagen stehen so viele Töpfe zum Umzug bereit, dass er damit gar nicht fertig wird. Dabei verbringt er täglich mehr Stunden bei seinen Orchideen als seine Frau in ihrem Geschäft. Es müsse eben alles seine Richtigkeit haben: die Luftfeuchtigkeit, die Temperatur, die Abkühlung über Nacht, die Beschattung. Und es höre nie auf: Tauchen, Sprühen, Aufbinden, Stützen, Fensterputzen – alles nur Arbeit! Und Spesen: Allein an Diesel verheize er 4000 Liter im Jahr. Und mit einer Handvoll Kunstdünger sei nichts getan, er müsse ganze Säcke kaufen: „Dann blüht das Zeug wie verrückt!"

↓ Tauchbad für einen Frauenschuh in Topfkultur
↘ *Vanda-tricolor*-Hybride, Vanda, *Aerangis rhodosticta*

↓ *Epidendrum-radicans*-Hybride
↓ *Phragmipedium besseae* (links) und *Phragmipedium-longifolium*-Hybride (rechts)
↘ Manche Orchidee nimmt – wie diese Vanda – mit den Wurzeln Wasser und Nährstoffe sogar aus der Luft auf.

Orchideen machen Lust auf mehr. Sie lassen sich nämlich ganz einfach teilen, und bei manchen Arten wachsen aus schlafenden Augen oder an Blütentrieben sogenannte Kindel, neue Pflänzchen mit Blättern und Wurzeln. Von diesen Arten besitzt Georg Unterkofler besonders viele, und ihre Kindel sind die wahren Objekte seiner Begierde: „Da! Das könnte man schon wieder abschneiden!" So setzt er Schnitt um Schnitt, und seine Sammlung wächst und wächst … „Das Glashaus leider nicht!"

Was vor Jahrzehnten mit einem Frauenschuh begonnen hatte, füllt heute ein 100 m² großes Gewächshaus und die Tage und Abende eines achtzigjährigen, ehemaligen Tankstellenpächters und Fernkraftfahrers. Was hält ihn so fit? Ist es die 90-prozentige Luftfeuchtigkeit, die berauschende Leuchtkraft der Orchideen – oder die unstillbare Sammelgier?

Georg Unterkofler am Eingang zu seinem Gewächshaus

Phalaenopsis

Tillandsie ↑
Vanda-coerulea-Hybride ↑

→ Stehender Sukhōtai mit *Yucca rostrata*

BUDDHAS UNTER PALMEN

Müssen Buddhasammler Buddhisten sein? Nicht unbedingt. Dem Bozner Optiker Karl Mayer-Wildner sind die asiatischen Tempelfiguren reine Augenweide. Viele seiner antiken Statuen hat er im Garten aufgestellt. Dort verbreiten sie – von Palmen gerahmt und nächtens beleuchtet – Urlaubsstimmung und fernöstliches Flair.

Der erste präsentiert sich bereits hinter der Haustür – ein Buddha, respektive ein „Schreitender, 2,50 m groß, ganz in Bronze." Und viele weitere stünden draußen. Gerne zeigt der Hausherr seine kostbare Kollektion. Aber nicht nur Buddhas – auch Palmen sind Objekte seiner Leidenschaft: Die Immergrünen seien immer für ihn da, nie müsse er bis zum nächsten Frühjahr auf sie warten. Ganze 92 Exemplare hat er ausgepflanzt: im Vorgarten, in einem Becken auf der Dachterrasse und im Garten hinter dem Haus, den man über einen verglasten Wohnraum erreicht.

Ein gepflegter Rasen bildet den Mittelpunkt des kleinen Refugiums, ein Kranz von Palmen den grünen Rahmen. Daraus sticht eine geschwungene Trockenmauer hervor; sie wirkt wie die Rampe einer Bühne, mit buschig überhängenden Palmen als Requisiten. Blumenhartriegel, Granatapfel und Zylinderputzer setzen mit attraktiver Herbstfärbung bunte Akzente in den dicht gepflanzten Palmenreigen, Bambus ergänzt ihn mit eindrucksvoller Struktur. Im Eck steht ein Geräteschuppen, den Karl Mayer-Wildner mit asiatischen Wandmalereien zu einem kleinen Luxushäuschen aufgemöbelt hat. Er nennt es „Elefantenhaus", obwohl ein Schwein den Dachfirst ziert. Am gegenüberliegenden Essplatz verbringt die Familie acht Monate des Jahres im Freien.

Nicht nur die Menschen fühlen sich hier wohl – auch die Palmen. Ihr Besitzer weiß längst, worauf es ankommt, damit sie optimal wachsen und mit jedem Jahr prächtiger werden: Sie brauchen einen windgeschützten Standort in einem ausgeglichenen, feuchtwarmen Klima und ganzjährig so viel Sonne, dass der Schnee auf den Blättern nicht liegen bleibt. Die Hanfpalme mit ihrem trutzigen, behaarten Stamm und den fast kreisrunden Wedeln ist hier geradezu massenhaft vertreten; *Trachycarpus fortunei* ist schließlich die winterhärteste aller Palmen. Auch Zwergpalmen hat Karl Mayer-Wildner ausgepflanzt; *Chamaerops humi-*

↓ Karl Mayer-Wildner auf seinem Granitbrunnen ↘ Herbstfärbung eines Ahorns, Blumenhartriegel

lis – mehrstämmig, buschig, stark bedornt – ist hier erstaunlich frosthart. Nur die raschwachsende Washingtonie hat nicht überlebt: Sie vertrug zwar kurze Fröste, aber keinen gefrorenen Boden.

Mit der immergrünen Keulenlilie hat der Optiker eine passende Partnerin für seine Palmen gewählt. Ihre schwertartigen Blätter stehen als Blattschopf gedrängt an den Triebspitzen. Die Exemplare von Karl Mayer-Wildner haben sich bereits verzweigt – mehrstämmige *Cordyline australis* sind überaus dekorativ und ziemlich selten. Auch *Yucca rostrata* bereichert die Szene; ihre kugeligen, stahlgrauen Blattrosetten erinnern an explodierendes Feuerwerk. Zwei solcher Prachtstücke flankieren eine Brunnen aus Granit. Und immer wieder tauchen Buddhas auf, gebettet auf vielgestaltigem Efeu, gerahmt von grazilen Fiederblättern.

Ein Stehender Sukhōtai aus Bronze, mit braungrüner Patina und erhobenen Händen, deren Handflächen nach vorne weisen, symbolisiert Schutz, Frieden und Furchtlosigkeit. Aus Sandstein geformt ist ein Sitzender Ganesha; die elefantenköpfige hinduistische

Gottheit gilt als Verteilerin von Reichtum mit gewaltiger Macht und wird von Gläubigen zum Schutz angerufen. „Mir gefallen sie einfach", sagt Karl Mayer-Wildner. „Es sind wohltuende Unterbrechungen, die freundlich grüßen und Ruhe in den Garten bringen." Seinen ersten Buddha hat er vor Jahrzehnten von einer Reise nach Thailand mitgebracht; jetzt ersteht er sie vorzugsweise auf Auktionen.

Einen größeren Garten möchte der passionierte Sammler nicht haben. So könne er alles selber bewältigen, kein anderer müsse Hand anlegen. Eine Lücke für die nächste Palme fände sich gewiss, außerdem gefalle ihm die Fülle auf dem engen Raum, wenn vieles sich zu einem Ganzen fände, sich geradezu umarme. Dieses Bild genießt Karl Mayer-Wildner vor allem dann, wenn der Rasen frisch gemäht ist.

Das ist übrigens die einzige Arbeit im Garten, die seine Frau Elisabeth erledigt; alles andere an grüner Gestaltungslust gönnt sie von Herzen ihrem Mann. Sie erfreut sich an den beiden Kindern Jos und Leo, die immer wieder mal mit schönen selbst gemalten Gartenbildern die Galerie am Küchenschrank erweitern.

↑ Steinbrech, Hauswurz, Steinbrechblüte, Schneeglöckchen aus den Karpaten → Teichlandschaft am Fuß des Steingartens

BERGWANDERN IM STADTGARTEN

Zeit seines langen Lebens hat Hans Stieler von seinen Bergtouren Pflanzen mit nach Hause gebracht. Hunderte verschiedener, teilweise seltener Arten mit ausgefallenen Pflegebedürfnissen haben sich inzwischen angesammelt. Für jede hat er ein Plätzchen gefunden – in einem Mini-Gebirge auf seinem Grundstück am Stadtrand von Bozen.

Enzian und Aurikel fühlen sich bei Hans Stieler sichtlich wohl. Und nicht nur sie: Bei einer Expedition durch seinen Steingarten entdeckt man Katzenpfötchen, Küchenschelle, Knabenkraut, Ehrenpreis, Tibetprimel, Schneeglöckchen, Blaue Rapunzel und Silberwurz – um nur einige zu nennen. Verschlungene Plattenwege und versteckte Steinstufen führen in sonnig-felsige, aber auch schattige Bereiche unter hohen Fichten und Lärchen. In Teichen breiten sich Seerosen aus, in Becken weben Wasserhyazinthen grüne Teppiche.

7000 m^2 groß ist das Areal, das der gelernte Buchdrucker, Obst- und Weinbauer, Bautechniker und leidenschaftliche Oppositionspolitiker vor vier Jahrzehnten erstanden und bebaut hat; einen Teil davon nimmt der Steingarten ein. Sein Sockel besteht aus Bauschutt und Aushubmaterial, die Krone ist ein Ensemble wohlgesetzter Steine. „Von jeder Wanderung habe ich irgendetwas mitgebracht, jede Tour lebt hier im Garten weiter. Ich weiß von jedem Brocken, wann und wo ich ihn gefunden habe, kann mich an jede Begleitung erinnern." Viel habe er geschwitzt und geschleppt, am Monte Baldo, am Rosengarten; der Lohn sei ein lebendes Tagebuch.

Und immer noch wächst das Gebirge. Hans Stieler sucht die Steine nach Besonderheiten aus: Sie müssen Fugen, Spalten, Nischen, Kanzeln oder Kuhlen haben, damit sie ins Gesamtbild passen und Hungerkünstlern alle Chancen bieten können. Und nach wie vor versteht er es, grüne Raritäten aufzutreiben und sie mit Neugier zu beachten: Kann ich diese Pflanze weiterbringen? Muss ich ihren Standort ändern? Und vor allem: Lässt sie sich vermehren?

↑ Seerosen
↓ Blaue Rapunzel, Steinbrech, Hauswurz und andere Hungerkünstler im Steingarten

Blaukissen und Wolfsmilch

Die Geschichte seiner Tibetorchideen beispielsweise begann im Botanischen Garten von Bregenz mit zwei Zwiebelchen; heute füllt *Pleione limprichtii* ganze Beete, und da Hans Stieler die Bulben Jahr für Jahr – kaum ist der Boden im Frühjahr aufgefroren – herausnimmt, säubert, vereinzelt und in gleichmäßigen Abständen neu pflanzt, nimmt der Bestand an Größe und Schönheit weiterhin zu; dabei bedeckt er die Pflanzen nur hauchdünn mit saurem Humus, den er mithilfe verrotteten Holzes selber herstellt. Die Erdorchidee ist eine bezaubernde Knollenpflanze, deren Lippenblüten mit auffälliger Zeichnung und gekraustem Rand alle Blicke auf sich ziehen.

Die Walzen-Wolfsmilch platziert der Pflanzenkenner auf Mauerkronen und in Fugen, denn dort erst setzt sie mit ihrer ausgefallenen Struktur und den leuchtenden Blütenständen echte Glanzpunkte in den Steingarten. Die blaugrünen Blätter, die wie Schuppen um die kriechenden Triebe stehen, verleihen *Euphorbia myrsinites* etwas Urtümliches.

Hauswurze überstehen bei Hans Stieler spielend trockene Zeiten. Wenn sich in den Steintrögen die leuchtend rosafarbenen oder karminroten Blütensternchen der Spinnwebigen Hauswurz entfalten, kommen ihre weißfilzig übersponnenen Blattquirle besonders gut zur Geltung. Von *Sempervivum arachnoideum* zieht der Sammler viele Sorten.

Mit den „Immerlebenden" hat Hans Stieler die Zähigkeit gemeinsam: Er habe seinen Garten der Natur abgetrotzt, sein ganzes Leben lang versucht, ihr mit den Augen etwas zu stehlen und es hier in der Stadt umzusetzen. Es freue ihn, dass in seinem Garten

Tibetorchideen

Pflanzen verschiedenster Vegetationszonen so gut miteinander auskämen: „Da gibt es Höhenunterschiede von 2 000 m, und bei mir überleben sie alle!"

Um sich daran erfreuen zu können, müsse man aber viel Pflege aufwenden. „An einem Garten, wo man fürs Schauen bezahlt und selber nichts pflegt, kann man keine vergleichbare Freude haben", findet Hans Stieler. Er selbst verbringt seine ganze Freizeit vor dem Haus, jätet, wenn andere Karten spielen, und genießt es zu sehen, wie die Pflanzen gedeihen und zueinander passen. „Im Garten sehe ich Resultate, beim Kartenspiel nichts." Dabei haben es dem Naturliebhaber nicht nur die Steingartenblüher angetan: Auf ein paar Hundert Quadratmetern lebt er seine Vorliebe für Rosen aus, und das allergrößtes Glück empfindet er, wenn er sieht, wie seine Pfauenjungen sich auf die Mehlwurmspeise freuen.

← Blick von der Terrasse über Gemüsegarten und Obstanger auf Schloss Prösels

Banks-Rose (auch „Meranerröschen" genannt) und Buchsbaum – zwei Lieblinge von Adele Caproni

ROSENGARTEN UNTERM SCHLERN

Die Begeisterung für Rosen kennt bei Maria Adele Caproni keine Grenzen. In ihrem Garten in Völs am Schlern hängt sogar der Himmel voller Rosen. Doch auch vom Glück der kleinen Dinge und von großen, umfangreichen Bäumen weiß die Enthusiastin zu schwärmen. Außerdem sammelt sie Steine. Dabei gehört ihre Vorliebe einer ganz besonderen Form.

Herz ist Trumpf bei Adele Caproni. Seit Jahren bringt sie von ihren Wanderungen herzförmige Steine mit nach Hause. Damit schmückt sie Treppen und Terrassen, grenzt Blumenbeete ein und pflastert ganze Sitzplätze. Aber auch fossile Fundstücke lassen die Fantasie der Sammlerin zu Bestform auflaufen, oder „Hühnergötter": Steine mit Löchern, die an Bindfäden von der Pergola herabhängen und bei jedem Luftzug geheimnisvoll klirren. „Steine sind für mich Lebewesen", sagt die zierliche Frau, und streichelt liebevoll eines ihrer Ausflugs-Souvenirs. „Die schönsten findet meistens mein Mann." Sie ist stolz auf ihren Gatten, der im Garten gerne hilft, beim Baumschnitt etwa, oder beim Kompost. Aus abgelagertem Mist und gehäckseltem Schnittgut weiß Josef Caproni eine gute Düngemischung herzustellen.

Adele Caproni zieht auch nach Herzenslust Buchs. Was mit Stecklingen aus einem Klostergarten begann, füllt jetzt Töpfe in allen Größen, aber auch Blumenrabatten. Diesen geben die streng geformten Kugeln eine reizvolle Struktur, die nicht dominierend wirkt, weil sie grün ist. Gerade deshalb liebt die fleißige Züchterin ihre Evergreens – und weil sie viel Geduld erfordern: Buchs wächst im Schneckentempo. Der Nachwuchs landet frisch getopft in der „Blumenküche", einem halbschattigen Plätzchen im Schutz der Hauswand. Später wird er in die Beete entlassen oder geht als Geschenk auf Wanderschaft.

↓ Tränendes Herz
↘ Farnwedel

Fast alle ihre Pflanzen hat die Hobbygärtnerin aus Ablegern und Samen herangezogen. „Gekauftes Grün macht nur halb so viel Spaß." Weil sie klein angefangen habe, sei ihre Beziehung zum Garten eine ganz besondere. Heute besitzt sie ein Paradies, in dem hohe Bäume und ausladende Sträucher, prächtige Blumen und knackiges Gemüse, plätschernde Wasseroasen und sonstiges Accessoire in Überfülle fröhlich ineinander greifen. Es strahlt unkomplizierten Charme aus, von dem man sich nicht täuschen lassen sollte. Die Unordnung ist nur eine scheinbare, nichts wird dem Zufall überlassen, alles ist genau durchdacht und wird sorgfältig gehegt.

Dabei ist die Pflege mancher Schönheit gar nicht einfach. Die stacheligen Kletterrosen etwa verwandeln zwar ganze Bäume in bienenumschwärmte Duftkaskaden, doch nach dem Schnitt sieht Adele Caproni zuweilen aus, als hätte sie sich mit einer Raubkatze angelegt. Dennoch möchte sie auf die wohlriechenden Rambler, die bei ihr buchstäblich die Wände hochgehen, nicht verzichten – weder auf den alten Briten 'Paul's Himalayan Musk' in der Silbertanne, der seine Kraft in anarchischen Wuchs statt in wiederholtes Blühen steckt, noch auf die eroberungslustige *Rosa filipes* 'Kiftsgate', in deren cremeweißem Blütenschaumbad die Linde fast verschwindet.

↓ Adele Caproni in ihrem von Blumen und Sträuchern durchsetzten Gemüsegarten

Dauerhafte Blütenpracht in Augenhöhe erfüllt sich die Rosenliebhaberin mit zahllosen anderen Arten: Damaszenerrosen, Englischen Rosen, Bourbon-Rosen, Zentifolien oder Teehybriden. Eröffnet wird der jährliche Rosenreigen von den Christrosen, dann folgen andere Nieswurzarten, von denen Adele Caproni eine ganze Sammlung besitzt. Die Farbschattierungen reichen von Schneeweiß über Grüngelb bis hin zu Weinrot und einem dramatisch glühenden Purpur. Etwas später werfen sich die Pfingstrosen und Strauchpäonien in ein üppiges Seidenblütenkleid.

Den Rosendamen schmeicheln stolze Prachtstauden, aber auch bescheidene Vagabunden, wie Goldlack, Mohn oder Jungfer im Grünen, die jede Lücke füllt und mit skurrilem Fruchtstand überrascht. Auch alltägliche Pflanzen seien schön, meint Adele Caproni. In ihrem Gemüsegarten dürfen sogar die Brennnesseln blühen: „Ich brauche sie für Tee, Spinat und Jauche, und meine Raupen brauchen sie auch." Mit Nachdruck zeigt sie auf einen ihrer handgemalten Sprüche, die da und dort den Garten zieren: „Die Schönheit der Dinge lebt in der Seele dessen, der sie betrachtet." Sie dankt dem lieben Gott für ihr großes Glück und teilt es gerne mit anderen, erzählt von Vogelsang und Hummelgebrumm, vom Quaken der Kröten und gedämpften Geräuschen, vom Geruch der nas-

↓ Im frisch gehäckselten Schnittgut überprüft Adele Caprone die Heißrotte.
↓ Beim Ansetzen der Brennnesseljauche

↑ Lineare Wegführung und Brunnen setzen im bunt gemischten, dicht bepflanzten Nutzgarten Blick- und Ruhepunkte.
↓ Frauenmantel

↓ Fingerhut
↘ Schnittlauch
↘ Von Hand auf Stein gemalt: „Die Schönheit der Dinge lebt in der Seele dessen, der sie betrachtet.“

sen Erde, vom schweren Duft der Lindenblüten und von wärmenden Sonnenstrahlen auf der Haut.

Ein besonderes Glücksgefühl empfindet die Romantikerin beim Umarmen großer, dicker Bäume; sie gäben ihr Schutz und Geborgenheit. „Am schönsten aber ist der freie Blick hinüber auf Schloss Prösels und hinauf zu unserem Hausberg, meinem geliebten Schlern.“

Frieda Gurndin

GRÜNES LABOR IM GEBIRGE

In 1400 m Meereshöhe, auf den Äckern rund um den Unichhof bei Aldein, bewahrt Frieda Gurndin alte Pflanzen vor dem Aussterben und experimentiert mit neuen Sorten. Das Saatgut sammelt sie selbst. Um ihr Wissen aus langjähriger Erfahrung zu bereichern, besucht sie wissenschaftliche Seminare.

Die Bäuerin ist noch draußen auf dem Feld. Drüben am Weißhorn braut sich was zusammen, da müssen alle mithelfen, um das letzte Heu vor den ersten Regentropfen einzubringen. So bleibt Zeit, einen Blick in den Garten zu werfen.

Eine bunte Mischung aus Gemüse, Kräutern und Blumen – ein Bauerngarten, wie man ihn kennt und liebt: Zwischen Salaten, Schnittlauch und Petersilie tummeln sich Tagetes und Bienenfreund, zartgefiederte Jungfer im Grünen verleiht dem Zwiebelbeet altmodischen Charme, orange Ringelblume kontrastiert mit Roter Melde, Maggikraut und Estragon umrahmen ein Jauchefass, Rittersporn, Phlox und Lilien zaubern sommerlichen Überschwang. Unglaublich, was hier alles Platz hat, und überall ein Summen, nirgends eine Laus!

Dann kommt Frieda Gurndin. Lachend lehnt sie den Rechen an den Zaun, nimmt die getrocknete Wäsche von den Latten – lauter blaue Hosen und Schürzen – und öffnet das Glashaus. Was es dort zu sehen gibt, verwundert noch mehr als die Tatsache, dass in einem Bauerngarten ein Gewächshaus steht. Nicht

Wer nicht nur Früchte, sondern auch Samen für das nächste Jahr ernten will, muss das Saatgut fachgerecht sammeln, aufbereiten, lagern – und dokumentieren.

Gurken und Tomaten gedeihen hier, sondern Rote Bete, Amarant, Kürbis und Kohl; Pflanzen also, deren Blüten keine fremden Pollen befruchten dürfen. Unter Glas sind sie vor Wind und Insekten geschützt, hier bleiben ihre Samen sortenrein.

Das sei beileibe nicht alles, schmunzelt die Bäuerin: „Ich probiere noch ganz andere Sachen aus!" Sie schließt Glashaus und Gatter und geht hinüber zur Südmauer des Bauernhofs. Dort blühen Sibirische Buschtomate, Barbarakresse … und es drängt sich die Frage auf, wie Frieda Gurndin zu solchen Pflanzen und Kenntnissen kommt. Zwei Frauen seien ihr Mentorinnen: die Bäuerin Martina Lintner, mit der sie viele Pflanzen und Ideen tausche, und Andrea Heistinger, ihre Lehrgangsleiterin und Co-Autorin des Standardwerks „Handbuch Samengärtnerei".

Versuche mit Selbstbestäubern macht Frieda Gurndin auf dem Acker. Dort zieht sie Erbsen, Bohnen, Lauch und andere Gewächse, bei denen der Pollen den Griffel befruchtet. Hier sind keine Kreuzungen mit anderen Sorten zu erwarten; die aus den eigenen Samen entstehenden Pflanzen weisen die gleichen Eigenschaften auf wie ihre Eltern. Melde und Mangold setzt die kreative Bäuerin bewusst zusammen: „Mal sehen, ob sie sich verkreuzen." Aus vielgestaltigen Kohlreihen will sie die beste mittelfrühe Sorte auslesen. Die Haferwurzel zieht sie, weil sie schön blüht und gut schmeckt: gedünstet, gesäuert, sogar als delikater Spargelersatz. Begeistert ist sie vom Nordtiroler Landkorn, aus dem in der neu errichteten Backstube würziges Brot zum Verkauf ab Hof hergestellt wird. Diese alte Sorte mit den langen Ähren sei einfach wunderschön; Frieda Gurndin hofft, dass der Wind das weithin wogende Getreide nicht flachlegt. Und über das „bürstendicke" Unkraut kann sie nur lachen: Jetzt sei eben Hochsaison!

Saatgutgewinnung ist spannend, aber auch aufwendig. Frieda Gurndin muss sich einschränken, aber missen wolle sie ihre Experimente nicht: Zu faszinierend sei es, den ganzen Lebenszyklus einer Pflanze

Am Fuß des Weißhorns experimentiert Frieda Gurndin
mit Feldfrüchten in allen Größen und Farben.

Mohnsamen werden geerntet, sobald sie in den Kapseln rascheln.

zu erleben: „Von einem so winzigen Körnchen kann eine derart prächtige Pflanze heranwachsen und Samen tragen!“

So rettet sie weiterhin kostbares Erbe und legt Keime für die Zukunft, prüft, vergleicht und sondert aus, was gut schmeckt, sich zum Kochen eignet und in hohen Lagen problemlos gedeiht. Von Hybridsorten hält sie nichts – wie Soldaten stünden die Krautköpfe da: alle gleich groß, alle gleich fad. Aus solchem Saatgut lasse sich keine Vielfalt vermehren; man müsse es jährlich neu kaufen, könne es nur einmal aussäen und nicht dem Standort anpassen.

Frieda Gurndin ist zufrieden mit dem, was sie erreicht hat: einen guten Boden, Mischkultur und samenfeste Sorten. Ansonsten läuft sie keinen großen Träumen nach; sie schätzt Freundschaft und Geselligkeit und wünscht sich Gesundheit für die ganze Familie.

→ Edith Bernhard mit feinen Früchtchen aus ihrem Garten: Erdbeeren und Forellensalat

Erdbeerspinat, Marokkanisches Leinkraut (unten) und Zitronenagastache 'Toronjil morado', Blick zur Fürstenburg

VOM WERT DER VIELFALT

Kuriose Nutzpflanzen aus aller Welt, ein Themenbeet zur „Evolution des Weizens", 45 Tomatensorten, 250 verschiedene Kräuter, Rüben in Gelb, Violett, Orange und Rot – das alles hat Edith Bernhard in Burgeis im Obervinschgau. Ihr Garten ist Speisekammer und Giftküche, Labor und Lexikon in einem, ein Hort des guten Geschmacks und ein Fest fürs Auge.

Hinter der Fürstenburg liegt Schlaraffenland. Es duftet betörend, das Summen von Insekten liegt in der Luft – hier einige Stängel Gelber Enzian, dort ein Büschel Majoran, dazwischen Diplomatenkraut. Artemisien würzen die Sommerluft und schaffen für Alant, Braunwurz und Origano einen vornehmen Rahmen, Duftnesseln überraschen mit orangefarbenen Blütenähren und Zitronenaroma, Engelwurz zeigt imposante Höhe, Flechtwerk als Schmuck und Stütze gibt den Beeten romantischen Charme. Weithin leuchtet die fröhliche Palette der Färberpflanzen: Krapp, Waid und *Anthemis tinctoria*, die Färberhundskamille.

Die aromatische Gesellschaft von Edith Bernhard bringt vielfachen Nutzen: Sie sorgt für Raffinesse in der Küche, trägt als grüne Apotheke zum Wohlbefinden bei und erweist sich als ausgesprochen dekorativ. Außerdem liefert sie der handwerklich hochbegabten Gartenfrau jede Menge Stoff, um die Wolle selbst zu färben und sie dann auf ihren drei Webstühlen zu verarbeiten – wenn sie nicht gerade einen Räucher- oder Salbenkurs hält oder in der Winterschule Ulten das Flechten lernt.

Auf dem großen Grundstück von Edith und Robert Bernhard ist der Kräutergarten nur eines von mehreren grünen Zimmern: Streuobstwiese, Beerenfeld und ein Gemüsegarten schließen sich an. Mit einem weiteren Hausgarten im Dorf und zwei Äckern mit Kartoffeln und Korn ist für Kurzweil im Pensionistenalltag gesorgt. Maximale Ausbeute streben die beiden nicht an, sie suchen ein Leben in Harmonie mit der Natur. Ob in diesem Jahr von den Zwetschgen was übrig bleibe, sei völlig egal, schön sei doch auch der Anblick des Ginkgo, der hier, auf 1250 m Meereshöhe, bestens gedeihe.

↑ Im Spätwinter und Frühjahr ist das Glashaus Kinderstube, im Sommer und Herbst Kletterhalle für rankende Exoten.
↗ Dill, Baldrian, Gazanien 'Tigerstripes' mit Marokkanischem Leinkraut
→ Rote Johannisbeere 'Jonkheer van Tets', Igelweizen (Mischung zwischen begrannten und unbegrannten Ähren), Skabiosen
↘ Zitronenthymian 'Creeping Red', Scharfer Mauerpfeffer, Zitronenstrauch

Edith Bernhard bringt ein Körbchen mit Kostproben aus dem verführerischen Naschgarten: Himbeeren, Stachelbeeren, Johannisbeeren und Erdbeeren. Die süßen Früchtchen schmecken einfach himmlisch. Sie sind das Ergebnis vieler Versuche mit Geschmack, Robustheit, Haltbarkeit und außergewöhnlicher Farbe. Malerisch sieht es auch im Gemüsegarten aus: Zwischen Baumspinat prunken die Köpfe des Spitzblaukrauts, Mangold geht mit Roter Melde eine glühende Verbindung ein, Zwiebeln sind in Schönheit mit Studentenblumen vereint. „Gut gemixt ist halb geerntet", lacht die Mischkulturexpertin.

Immer schön locker bleiben, das ist die Devise ihres Mannes: Unermüdlich durchlüftet er den Boden mit seiner Kupferharke. Und weil das Gemüse nicht nur gut wachsen, sondern zudem köstlich schmecken soll, wird organisch gedüngt. Mit sichtlichem Vergnügen und zwanzigfacher Verdünnung bringt Robert Bernhard alle acht Tage kalireiche Beinwelljauche aus, und mit Eimern und Augenmaß den eigenen Kompost.

Überraschendes birgt das Glashaus: Da hängen orange-gelbe Andenbeeren in papierenen Hüllen, und daneben Ananaskirschen, ihre kleineren und etwas säuerlichen, aber sehr ertragreichen Verwandten.

↙ Den Weg in den „Vielfaltsgarten" säumen 250 verschiedene Kräuter samt blumiger Begleitung.
↓ Fruchtstand des Färberwaids

Zarte Lampions tragen auch die Tomatillos; *Physalis ixocarpa* ist die Grundlage für die berühmte mexikanische Grüne Sauce. Und die seltsamen Dinger da oben? „Das sind Kiwanos", lacht Edith Bernhard, „so nennt man die stacheligen Knollen in Neuseeland; bei uns heißen sie Morgensterngurken." Vieles habe sie schon ausprobiert, weniges sei ihr dabei fremd geblieben.

Im Moment erforscht die gelernte Chemielaborantin den Weizen. Wildeinkorn, Dinkel, Ispahanischer Emmer, Kanadischer Rauweizen – mehr als 40 Sorten füllen ein großes Hochbeet, in dem sie jedes Jahr einen grünen Schwerpunkt setzt. Diesmal ist sie den Steinzeitgärtnern auf der Spur. Wilde Weizenarten wurden im Nahen Osten bereits am Ende der Eiszeit kultiviert, in die Alpen aber erst 4000 Jahre später gebracht. So hat in der Jungsteinzeit eigentlich keine Revolution, sondern eine grüne Evolution stattgefunden. Während Edith Bernhard über die Ähren streift, denkt sie an den nächsten gärtnerischen Schwerpunkt: Salate für Gourmets – das wär doch was!

Welche Sorten von Eichblatt-, Feld-, Koch-, Kopf-, Krach-, Schnitt-, Spargel- und Zichoriensalat wird sie dann wohl servieren? Vielleicht einen kecken 'Forellensalat', fangfrisch à la jardinière?

Blick vom Kräuteracker des Hauserhofs über das Sonnenblumenfeld zu den Olanger und Pragser Dolomiten
↘ Purpursonnenhut ↘ Echter Lavendel

WO KORN STAND, BLÜHEN JETZT KRÄUTER

Eine Alternative zur Viehhaltung haben Brunhilde und Josef Huber im Kräuteranbau gefunden. Ihr Kräuterhof in Wielenberg im Pustertal ist mittlerweile ein beliebtes Ausflugsziel: mit farbigem Acker, Kleintiergehege, Destillationsanlage, Erlebnispfad, Kinderspielplatz, Märchenscheune – und einem kleinen, wundersamen Hexengarten.

Was für ein Ausblick! Zu Füßen breiten sich grüne Matten und Wälder aus, dahinter dunkle Hügel und am Horizont die Dolomiten. Nicht jedes Bergbauerngut ist so schön gelegen wie der Hauserhof: sonnseitig, idyllisch am Waldrand, gebettet in Äcker und Wiesen und weit entfernt von Lärm und Gestank – ein Paradies für Kräuterhexen.

Über Hexenkräuter, Magie und alte Mythen kennt Josef Huber viele Geschichten. Beim kleinen Schaugarten erläutert er den Besuchern, was es hier – verschlossen hinter Zaun und Gatter – an Giftigem, Berauschendem oder gar Höllischem zu sehen gibt: Eisenhut, Bilsenkraut, Teufelsabbiss – wie das schon klingt! Und warum lehnt kopfüber am Zaun dieser Besen? Der Garten ist den Hexen gewidmet, jenen kräuterkundigen Frauen, die bei den Germanen als Heilende angesehen, im Mittelalter und zu Beginn der Neuzeit aber auf dem Scheiterhaufen verbrannt wurden.

Frei zugänglich ist dagegen das bunt getupfte Kräuterfeld. Auf den rund 5000 m² Fläche werden 80 verschiedene Kräuter angebaut und zu ätherischen Ölen, Teemischungen, Schnäpsen, Likören, Säften, Gelees, Salzen, Salben, Cremes und Shampoos weiterverarbeitet. Ihre Produkte verkauft die Familie Huber im kleinen Hofladen und auf den Bauernmärkten der Umgebung. Beim Anbau achtet sie darauf, Pflanzen auszuwählen, die hier, auf 1150 m Meereshöhe, und in der prallen Sonne gut gedeihen. Und weil die meisten Kräuter nicht nur Kinder des Lichts, sondern auch Liebhaber von magerem, lockerem und kalkhaltigem Boden sind, wird fleißig geharkt und mäßig gedüngt. Steinmehl, Kalk und seltene Gaben von verrottetem Mist sind offensichtlich genau die richtige Diät für Malve, Melisse, Muskatellersalbei und all die anderen Schätze, die hier am Kräuterhof balsamische Düfte verbreiten.

Brunhilde Huber liebt sie alle, pflegt ein jedes Kraut mit gleicher Lust, wühlt in der Erde bis in die Dunkelheit hinein und freut sich, wenn auch die Gäste Schönheit und Kostbarkeit der Kräuter zu schätzen wissen. „Viele schlendern durch den Acker, streifen die Blätter und streichen vorsichtig über die Blüten. Manche rennen nur herum; bei denen reicht das Wunder nicht weiter als bis vors Auge."

Um diese Wunder der Natur in ihrer Ganzheit zu vermitteln, haben Brunhilde und Josef Huber einen Kräuterlehrpfad angelegt. Er führt 700 m weit über Wiesen und durch einen Hohlweg ins lichte Gehölz des Waldsaums hinein und über Felder und den Kräuteracker zurück zum Hof. Geschnitzte Eulen weisen den Weg, Bänke laden zum Rasten ein, Schautafeln mit besinnlichen Texten zum Meditieren, allerlei Zwerge zum Schmunzeln. Auf einem Steinpendel kann man schaukeln, auf einem hölzernen Xylofon musizieren, und wer den Hof samt Kräuterzauber aus der Vogelperspektive sehen will, besteigt den kleinen Aussichtssturm.

Während die Erwachsenen Düfte sammeln oder ihre Seele in der Sonne baumeln lassen, vergnügen sich die Kinder auf der Rutsche. Manche suchen – schaudernd zwar – die Kobolde, Hexen und Spinnen in der Märchenscheune auf, andere füttern am Gehegezaun Hasen und Ziegen. Die Hennen hat der Geier geholt.

An bestimmten Tagen weiht Robert Hochgruber, ein Mitarbeiter der Familie, in die Geheimnisse des Destillierens ein. Dann scharen sich die Besucher um

Roter Fingerhut
(digitalis purpurea)
Digitale rosso
Teufelsabbiss
Morso del diavolo

← Brunhilde und Josef Huber mit ihren beiden Töchtern
↙ Giftiges und Höllisches im eingezäunten Hexengarten: Roter Fingerhut und Teufelsabbiss
↙ Kornblume, Roter Fingerhut, Stockrose und die Schöne aus dem Tiergarten
↓ Vom Kräuter-Erlebnispfad aus lassen sich die Wiesen, Äcker, Gärten, Gehege und Gebäude des Hauserhofs gut überblicken.

die Wasserdampf-Destillationsanlage und staunen darüber, dass das ätherische Öl der Kamille blau ist, und für einen Liter Wacholderöl eine Tonne Zweige nötig sind. Der junge Mann ist übrigens gelernter Architekt; um den Platz am Reißbrett einzunehmen, müsste er sich erst vom Kräuterhof, seinen liebgewonnenen Bewohnern und der Arbeit in freier Natur losreißen.

Ein kleines Geheimnis lüftet Brunhilde Huber: Wenn man Kräuter nach dem Trocknen in Papiertüten füllt und für zwei Stunden in die Kühltruhe legt, erfriert auch das letzte Lebensmittelmotten-Ei. „Dann hat man zu Weihnachten keine Würmer im Tee." Alles darf man der schelmischen Bäuerin nun aber doch nicht glauben: Am Hexenbesen werde demnächst ein Motor montiert, dann dürfe jeder eine Runde drehen – aber nur bei Vollmond!

← Die Gärten des Südtiroler Volkskundemuseums bleiben auf dem Boden bäuerlicher Realität – zumal es ihrer drei sind, machen auch einfache Anlagen viel Arbeit.
↑ Schmuckkörbchen

BLICK ÜBER DEN GARTENZAUN

Üppige Gemüseflut, duftende Heil- und Würzkräuter, malerische Blütenpracht geborgen hinter einem Zaun – ein Inbegriff ländlicher Idylle und verklärter Nostalgie. Das Landesmuseum für Volkskunde in Dietenheim zeigt Beispiele von Bauerngärten – historisch korrekt eingebunden in regionale und soziale Zusammenhänge.

„Es juckt mich, Spagat und Schere in die Hand zu nehmen!" Brigitte Grießmair lehnt am Spältenzaun und schaut auf das nützlich-schöne Kunterbunt im Kräutergarten. Ihn, aber auch die beiden anderen Bauerngärten, die Trachtpflanzen am Bienenstand und den barocken Herrengarten des Museums hat sie jahrzehntelang gepflegt. Seit ihr Gatte Hans die Leitung des Museums an Alexa Untersulzner übergeben hat, kommen sie regelmäßig auf Besuch.

Brigitte Grießmair erinnert sich noch gut an die Anfänge. Schwierig seien sie gewesen, weil es ja damals Monarde, Eberraute, Marienblatt und viele andere Bauerngartenpflanzen in den Gärtnereien noch nicht zu kaufen gab. Also ging sie zu den Bäuerinnen, um dort nach Samen und Ablegern zu suchen. Sie wanderte 260 Höfe ab und brachte nicht nur altbewährtes Saat- und Pflanzengut und Duft und Würze ins Museum, sondern auch mündlich überliefertes Wissen, das dann mit einfloss in ihr Buch „Vielgeliebter Bauerngarten".

Seitdem hat der Bäuerinnengarten – wie er eigentlich heißen müsste – eine beispiellose Renaissance erlebt. Sein Anblick weckt bei uns modernen Zeitgenossen Sehnsucht und den Wunsch, ein Stück dieser Tradition vor die eigene Haustür zu holen.

Was uns heute romantisch anmutet, haben die Bäuerinnen früher vor allem praktisch gesehen: Sie pflanzten Gemüse, das gut gedieh, und Blumen, die ihnen gefielen. Das Saatgut gewannen sie selbst, Zwiebeln und Ableger wurden mit Verwandten und Nachbarinnen getauscht. Was sich in den Augen der vielbeschäftigten Frauen nicht bewährte, weil es zu empfindlich gegen Witterungseinflüsse und Krankheiten war oder viel Geld kostete, wurde ungerührt wieder verworfen. Der Garten musste schließlich eine meist große Familie samt Mägden und Knechten er-

nähren und als grüne Apotheke dienen für Mensch und Tier – da blieb für aufwendige Pflege und Romantik keine Zeit.

Exakt aus diesem Grund gibt es in den drei Bauerngärten des Museums weder Bank, noch Glashaus, noch verschnörkelte Geometrie – dafür aber einfach zu bearbeitende Grundrisse und Wege, schlichte Zäune als Umfriedung und viele Beispiele robuster, winterharter Nutz- und Zierpflanzen: Schnittlauch, Sellerie, Salat und auch Mangold, den man in dieser Gegend für kulinarische Köstlichkeiten wie Schlutzkrapfen und Tirtlan verwendete; Zinnien, Wicken, Kugeldisteln – und Dahlien, die man im Herbst zwar herausnehmen musste, aber wiederverwenden, teilen und verschenken konnte. Im Acker stand, was in großer Menge benötigt wurde, viel Platz verschlang oder – wie die Karotten – im fetten Gartenboden nicht gedieh. Wenn im Eingezäunten einmal ein paar Zeilen Kartoffeln angebaut wurden, dann war es das bescheidene Fleckchen Land eines ärmlichen Kleinhäuslers, der kein Feld besaß. Auch das wird im Südtiroler Volkskundemuseum thematisiert.

Heute betreut Gertraud Hofer die Bauerngärten des Museums. Gerne zeigt sie der Vorgängerin die Früchte ihrer Arbeit. Wenn Brigitte Grießmair ihr eine Weile über die Schulter schaut, kommt auch ein wenig Wehmut auf. Schön sei es gewesen: „das Pflanzen im Frühjahr und zuzuschauen, wie alles heranwuchs, die Fülle des Sommers, das Aufräumen im Herbst und zuletzt das Verschließen des Gatters in der beruhigenden Gewissheit: Die Zwiebeln sind gesteckt – jetzt ist Ruhezeit."

← Gertraud Hofer hat Zaungäste: den ehemaligen Direktor mit seiner Frau und die neue Chefin des Museum.
← Brennnesseln im Jauchefass
↖ Die Vielfalt im Kräutergarten macht dessen Wert als grüne Apotheke aus.
↑ Borretsch
↗ Duft für die Nase, Futter für die Bienen, Schönheit fürs Auge – das bringen Wicke, Kugeldistel und Dahlie seit Jahrzehnten in die Bauerngärten.

ROSIGE TRÄUME AM BAUERNHOF

Für die Königin aller Blumen hat Christine Runer auf dem Hallerhof in Terlan ein eigenes Reich geschaffen. In ihrem Rosengarten wippen, wogen und klettern duftende Schönheiten dicht beieinander, kunstvoll begleitet von einem blühenden Hofstaat. Daneben hat die rührige Obstbäuerin einen Kräutergarten angelegt – und einen kleinen Park.

Das rauschende Fest steigt jährlich im Juni. Wenn die Knospen aufspringen, entfaltet der Rosengarten seine ganze wohldurchdachte Wirkung. Denn erst die Blüten verleihen der geometrischen Komposition ihren weichen Charme. Im Juni dürfen die Rosen von Christine Runer zeigen, was sie können.

Sie breiten ihre Schleppen aus, nehmen fürstliche Haltung ein, reichen Sträußchen in Augenhöhe, rahmen Bögen und zaubern üppige Girlanden. Sie klettern die Bäume hoch und lassen sich in Kaskaden zu Boden fallen. Sie tragen dicht gerüschte Kugeln, schlichte Schalen oder halbgefüllte Rosetten – sanft zerknittert, anmutig zerzaust, lebhaft verwirbelt. Sie tauchen den Garten in schimmerndes Elfenbeinweiß, zartes Porzellanrosa, purpurnes Rot – und in Wolken betörenden Dufts.

Dabei stehen die Rosen nicht alleine da, nirgends ist nackte Erde sichtbar. Dafür sorgen kleine Rosenkavaliere: Schleierkraut hüllt die Rosenpracht ein, Katzenminze formt silberhelle Kissen, Storchschnabel setzt karminrote Tupfer. Ob rispig, quirlig oder gelappt – für alle ihre edlen Damen hat Christine Runer die passenden Begleiter. In Summe ist ein harmonisches Gefüge entstanden, das die Rosen untermalt, hervorhebt und zusätzliche Blickfänge schafft. „Außerdem helfen sie, Schädlinge fernzuhalten" – die

Christine Runer, gerahmt von 'Constance Spry'

Beim Rosenschnitt; eine Rosenkugel spiegelt die Englische Rose 'Golden Celebration'

Bäuerin steht auf bio. Knallig Buntes mag sie nicht, die heiteren Gesellschafter sollen genauso schön altmodisch wirken wie die Historischen Rosen selbst.

Das nämlich sind ihre Lieblinge – Rosen aus vergangenen Tagen, Englische vor allem. „Der Duft ihrer Blüten ist einfach ein Traum", schwärmt Christine Runer, und unvergleichlich seien die sanften Farben und der gesunde Wuchs. Besonders gut gefällt ihr die einmalblühende 'Constance Spry', eine Englische Rose mit schalenförmigen, rosafarbenen Blüten. Aber auch 'Heritage' sei fantastisch: ein hübscher Strauch mit wenig Stacheln, unkompliziert und ideal für einen langen Blütensommer. Ebenso ein Favorit ist der Rambler 'Bobbie James'; der wüchsige Akrobat hat einen alten Apfelbaum erobert und die Krone in cremeweiße Schleier gehüllt. Ob Mauerblümchen oder Klettermaxe – bei Christine Runer macht jede Rose gute Figur.

Als die zierliche, aber kräftig zupackende Frau im 300 Jahre alten Gutshof einheiratete, war der heutige Rosengarten ein Abstellplatz für ausrangierte Autos, und dort, wo sich jetzt Ringelblumen und Kamillen nach Belieben zwischen Kräutern tummeln, standen nichts als alte Fässer. Mit Langmut hat sie es geschafft,

Althergebrachtes zu verändern und mit einer Vielfalt gut geplanter Gärten zu bereichern. Viel Rückhalt habe sie dabei von ihrem Mann Heinrich erhalten, „der mich stets gewähren ließ und auch schon mal einen Bagger organisierte, wenn es galt, im Park einen Hügel aufzuschütten."

Denn dort musste erst einmal „Bewegung ins Gelände" kommen, zitiert Christine Runer ihre Mentorin Martha Canestrini, die den kleinen Park entworfen hatte. Von ihr hat sie gelernt, wie man Luft fürs Auge schafft, das Ambiente einbezieht – und dass Sträucher erst ein Thema sind, wenn das Gerüst steht. Nun stehen sie da, die Bäume: Blautanne neben Blutpflaume, ausladende Kastanie neben schlanker Eibe, die wie ein erhobener Zeigefinger hinauf zur Burgruine Maultasch weist.

Die Sträucher schaffen fließende Übergänge und setzen Akzente mit duftenden Blüten, schön gefärbten Blättern oder attraktiven Ästen, so etwa der Hartriegel *Cornus alba* 'Sibirica' – mit seiner roten Rinde ein gern gesehener Stamm-Gast vor allem im Winter. Eine witzig-würzige Seltenheit hat zuhauf in der Unterpflanzung Fuß gefasst: *Satureja montana*, das ausdauernde Bergbohnenkraut. Und selbstverständlich

↓ Herbst-Anemone 'Honorine Jobert'
↓ Englische Rose 'Mary Rose'

↓ Englische Rose 'Sharifa Asma'
↘ Englische Rose 'Mary Rose'

treten auch hier die Blumenköniginnen auf; eine macht sich gar auf und davon: *Rosa filipes* 'Kiftsgate'. „In ganz England sind die Ruinen damit übersponnen", erzählt Christine Runer, „bei uns ist es eben ein Strommast." Wild und romantisch wirke die weiße Kletterrose allemal.

Dann setzt sie sich auf eine Gartenbank, genießt die Harmonie ringsum und lässt ihren Gedanken freien Lauf. Tüftelt sie am Schattengarten, ihrem nächsten Projekt? Pflanzen dafür hat sie jedenfalls bestellt; ein tschechischer Erntehelfer half beim Topfen und ordnete dann nach Gutdünken die Namensschilder zu. Christine Runer schmunzelt: „Jetzt heißt die Lanzen-Funkie *Osmunda regalis*, und *Hosta lancifolia* ist der Königsfarn."

Englische Rosen, wie etwa 'Heritage' (ganz links unten), sind die Lieblinge von Christine Runer.

Lieblingsplatz seit Kindheitstagen: Von hier aus überblickt Martina Mayr einen Gutteil des heimatlichen Penzlguts.

LANDWIRTSCHAFT IM PARK

Eine Designerin wird Bäuerin. Was macht Martina Mayr mit zwei Hektar Wiesenfläche am heimatlichen Penzlhof, einem stattlichen Anwesen in Lengstein auf dem Rittner Hochplateau? Sie wirft keine schnurgeraden Obstplantagen übers Land zwecks maximaler Ausbeute, sondern erfindet eine neue Gartenform – die „Parklandwirtschaft".

Ein erlebnisreicher Lebensweg führte Martina Mayr über Meran, London, Venedig und Mailand an den elterlichen Hof zurück. Der Penzlhof ist kein gewöhnliches Bauerngut: Hier zogen jahrhundertelang die Reisenden vorbei, denen der Weg unten durch die Eisackschlucht zu gefährlich war, hier wurden die Pferde der Legionäre gewechselt und deutsche Kaiser verköstigt. Schmiede, Mühle, Backofen, Weinkeller, Waschküche, Räucherkammer und die vielen Gästezimmer zeugen von der alten Poststation. Die Tradition der Selbstversorgung führt die gelernte Innenarchitektin jetzt weiter. „Dabei habe ich nach einer Möglichkeit gesucht, die Landwirtschaft mit meiner Philosophie zu verbinden."

Ihr Anspruch ist es, historische Substanz zu erhalten, sie in neue Formen zu integrieren und damit Spannung zu schaffen. Jetzt gibt es im alten Gemäuer Designerstücke und neuen Komfort, und in der traditionellen Kulturlandschaft Obstanbau und moderne Gartenarchitektur. Mit Sachkenntnis, Fantasie und subtilem Geschmack hat Martina Mayr etwas stilistisch ganz Eigenes geschaffen. Da wird kein „Alpen-

Der neu angelegte Park; Brombeer- und Himbeerlabyrinth im Hintergrund sind (noch) kaum erkennbar.

stil" nachgeahmt, den es nie gegeben hat, sondern ein Platz geboten, der geradezu herausfordert, auf Entdeckung zu gehen.

Wie ein Magnet ziehen die Himbeerhecken an. Wer naschen will, sollte einen Plan zur Hand – oder kleine Verirrungen in Kauf nehmen; die Anlage ist nämlich ein kreisförmiges Labyrinth mit 40 m Durchmesser. Von der weit entfernten, höher gelegenen Straße kann man das Muster gut erkennen. „Wenn die Leute fragen, ob Ufos gelandet sind", schmunzelt Martina Mayr, „kann ich mich köstlich unterhalten. Über das Wohlwollen der Nachbarn freut sie sich: „Sie kommen, schauen, und warten ab, was herauskommt." Die Gäste lassen sich durch das gerundete Mäander zur Mitte führen und genießen dort nach langer Suche das Gefühl, ans Ziel gelangt und geborgen zu sein. Der Weg als Thema: Er hält sowohl die Reisenden in Bewegung und auch die Bäuerin selbst, die mit einer Mischung aus Sommer- und remontierenden Sorten die Erntezeit bis in den Spätherbst ausdehnt.

Ähnlich kunstvoll sind die Brombeer- und Johannisbeerspaliere arrangiert. Weitere Kreise sind geplant, mit unterschiedlichen Schwerpunkten, aber immer mit Nutzpflanzen gestaltet. Die Idee, Landwirtschaft und Gartenkunst auf so ungewöhnliche Weise zu verbinden, entwickelte Martina Mayr gemeinsam mit der Landschaftsarchitektin Antonia Gresser. Der Ertrag spiele natürlich eine wichtige Rolle, aber es sei ihr genauso wichtig, beim Pflegen und Ernten die Schönheit und Ausstrahlung einer Anlage zu genießen.

Der Plattenweg, der vom Haus zum Schwimmbad führt, ist pfeilgerade angelegt. „Das Gebäude ist groß und massig, da passt eine klare Achse besser dazu", meint Martina Mayr. Mit einer geraden Linie aus Buchs hat sie auch die Bocciabahn gesäumt. Im Moment ist sie intensiv mit einer Maulwurfsfamilie beschäftigt, die den satt begrünten Platz unterwandert. Ebenso streng gehalten sind die langgezogenen Kräuterbeete: Blauer Lavendel ist abgegrenzt von gelber Ringelblume, rote Monarde von grüner Minze und Me-

Rose 'Bremer Stadtmusikanten'

lisse. Sogar zur Hochblütezeit, wenn die aromatische Fülle überbordet und Insektenschwärme herumwuseln, bleibt die Farbführung erhalten. Traumhaften Duft verströmen Hunderte Rosenstöcke, die Martina Mayr mit viel Hingebung, gekonntem Schnitt und Kuhmist in Schuss hält. Mit Rosen, zumal Englischen, kennt sie sich aus! Mittlerweile auch mit Verarbeitungsmethoden: Um Obst und Kräuter in Marmelade, Sirup und Fruchtsaft zu verwandeln, hat die Jungbäuerin Kurse besucht. Nun gibt es einen Hofladen voller naturbelassener Verführungen.

Der Garten ist erfüllt von Vogelgezwitscher, dem man auf originellen Sitzgelegenheiten lange lauschen mag. Auch bei den Stühlen hat Martina Mayr die ex-

Obstanger mit alten Sorten und Federvieh

zentrische Variante gewählt und damit zu ihrem eigenen Amüsement viel Spannung geschaffen. Zum Ausruhen bleibt zwar wenig Zeit, doch neue Pläne reifen auch beim Jäten: In Graz gäbe es einen Energiegarten zu erkunden und in Katalogen spezielle Kräutersorten. Eine Stoffkollektion und ein Buch sind noch Träume, doch das neue Schwimmbad ist bereits gezeichnet. Es wird ein weißes Becken sein mit freiem Blick zum Schlern.

Ein Gestänge für das Himbeerlabyrinth ist auch schon entworfen: „Ein rotes, das ist reizvoller", lacht Martina Mayr, und nimmt genussvoll ein Löffelchen hausgemachter Himbeermarmelade in den Mund.

Pfeilgerade lenken kunstvoll verlegte Steinplatten den Weg hinunter zum Schwimmbad und den Blick hinüber zum Schlern (siehe auch Abb. S. 6).

↗ Franz Pfeil → Rätselhafte Skulpturen am Eingang zum Irrgarten

AUF UMWEGEN ZUM ZIEL

Im Irrgarten des Kränzelhofs in Tscherms bei Meran wird die Suche nach dem Ausweg aus dem Irrgarten zum amüsanten Zeitvertreib, und das Bodenlabyrinth lädt ein, in aller Ruhe auf verschlungenem Pfad zur Mitte – und zu sich selbst zu kommen. Franz Graf Pfeil sucht mit dem Labyrinthgarten seinen Weg, und schafft es, damit auch noch den Absatz seiner Weine zu fördern.

„Maria, wo bist du?" Die Rebenspaliere geben ihr Geheimnis nicht preis. Wieder eine Sackgasse! Ist das der richtige Weg? Gerade eben sah es doch genauso aus. Finde ich hier jemals wieder hinaus? Irrgärten haben einen besonderen Reiz: Kommt die Orientierung abhanden, erwacht die Urangst vor dem Verlorengehen.

Der Irrgarten des Kränzelhofs nimmt eine 3300 m^2 große, rechteckige Fläche ein; das Weggefüge ist ein 1500 m langes Spalier aus zehn verschiedenen Rebsorten. Die Tafeltrauben reifen zu unterschiedlichen Zeiten: Wer im Spätsommer und Herbst auf die falsche Fährte gerät, an den Abzweigungen zögert oder immer wieder in derselben Sackgasse landet, hat zumindest Gelegenheit zum Naschen – und zum Betrachten von Skulpturen, die in den Nischen des Irrgartens ausgestellt sind.

Verborgen in einem Erdwall liegt das kleine, runde Bodenlabyrinth. Sein gewundener Weg ist mit Steinplatten ausgelegt, zwischen denen gedrungene, würzig duftende Thymianpolster hervorquellen. Die Flaum-Eichen ringsum unterstreichen die karge Atmosphäre der Anlage. Anders als im Irrgarten gibt es hier nur einen einzigen Weg, der – wenn man nur lange genug weitergeht – trotz vieler Schlaufen zwangsläufig zum Ziel bringt. „Das ist auch der Unterschied", erklärt Franz Pfeil, „im Labyrinth sucht man die Mitte, im Irrgarten den Ausweg." Der Mittelpunkt im Labyrinth ist zwar nahe, doch tatsächlich legt man auf engstem Raum viele Meter zurück – und hat dabei Zeit, die Gedanken zu ordnen. Deshalb gilt das Labyrinth auch als Symbol für den Lebensweg. Es mahnt daran, trotz aller Wirrungen des Lebens gefasst den Weg zu halten, denn dieser führt zu guter Letzt immer an ein Ende. Ein Ort der Gelassenheit also, wo man sich in der Kunst des Wandelns üben und die Vorzüge des Umwegs erfahren kann. Für herumtollende Schulklassen, meint der Graf, sei dieser Ort nicht geeignet. „Man muss den Geist des Gartens erfassen."

Nahe dieser „Wallburg" liegt der Teich. Franz Pfeil hat ihn mehrmals umgestaltet und versucht, ihm ein geheimnisvolles Flair zu geben. „Ein Gewässer soll nie überschaubar sein, sonst entsteht keine Romantik." Am Ufer entlang führt der Weg weiter durch ein Lagerstroemien-Wäldchen über Terrassen hinauf zu einem 30 m langen Holztisch. Die Tafel hat der Weinbauer als

↑ Sumpfzone des Teichs; schlangenförmig führt der Weg durch das Lagerstroemien-Wäldchen.
↓ Im grünen Amphitheater

Platz für Bankette geplant; Wilder Wein soll über das Kunstwerk wachsen, „dann liegen im Herbst die Teller auf einem roten Tuch." Ein kleines Kuriosum ist die „Klumperplatte": Sie deckt eine Höhle ab, und wenn man den etwas kleineren flachen Stein, der auf der Steinplatte liegt, bewegt, entstehen dumpfe Töne, die im Hohlraum eine eindrückliche Resonanz finden. Wer sich darin verkriecht, zwängt sich rasch wieder ins Freie.

Den Abschluss des Gartens bildet ein begrüntes Amphitheater, das 300 Menschen Platz, und eine gute Aussicht über den Meraner Talkessel bietet. „Die Idee dazu hat der Ort vorgegeben; ich habe das erfühlt und die Anlage auch selbst geplant", erzählt Franz Pfeil. Darin liege überhaupt die Besonderheit dieses Gartens: Er sei aus dem Bauch heraus entstanden, ohne unmittelbares Zutun von Experten; nur den Irrgarten hat ein Fachmann entworfen.

Im Gegensatz zu Schaugärten sei sein Labyrinthgarten ein beseelter Garten. „Er ist Ausdruck meiner Persönlichkeit und meiner Bedürfnisse. Ich wollte damit meinem inneren Lebensplan folgen." Der Graf sieht sich eher als unruhigen Geist denn als Gärtner: „Ich bin auf der Suche nach Menschen, die das, was ich fühle, umsetzen können." Diese Partner fand er in Künstlern, denen er sein grünes Reich als Forum zur Verfügung stellt, und in Beratern, die mit ihm ein Kuratorium Labyrinthgarten gründeten.

Den Anlass aber gab ein Mangel: Franz Pfeil war es leid, auf Messen seine Weine anzupreisen: „Verkaufen ist nicht meine Stärke, deshalb musste ich einen anderen Weg finden, um die Einzigartigkeit meines Betriebs zu unterstreichen." Wenn jetzt die Leute zu ihm kämen, um sich in seinem Garten zu verlaufen, und anschließend ein Glas Wein zu verkosten, habe er ein wichtiges Ziel erreicht.

Das Bodenlabyrinth

Karl Nicolussi Leck vor seiner Stahlkugel

EINS IST DAS GANZE

Karl Nicolussi Leck setzt in seinem Garten auf Hochfrangart bei Bozen mit moderner Kunst Akzente. Die Skulpturen und Installationen entstanden am Ort und sind voller Andeutungen für den, der sehen will. Unübersehbar thront über allem ein Symbol der Ganzheit und Vollkommenheit – die Edelstahlkugel von Franz Messner.

Als Kind, erzählt Karl Nicolussi Leck, habe er nie mit Gleichaltrigen gespielt und gerauft, sondern immer schönes Zeug gesucht, Blumen und andere Schätze der Natur. Und als Jugendlicher sei er gewissermaßen bei Platon und Parmenides in die Schule gegangen. Durch diese beiden griechischen Denker ist er zu einem Anhänger der Ganzheit geworden, ihrer Philosophie folgend hat er Hochfrangart geschaffen, ihnen musste Martin Gundolf dort ein Denkmal setzen.

In den Sockel der Platon-Büste ist das berühmte „Hen to pan" eingemeißelt: „Eins ist das Ganze – denn dasselbe ist Denken und Sein." Parmenides, der Autor des Zitats, gilt als Philosoph der Unveränderlichkeit des Seins; er erklärte das Sein für kugelförmig. Kein Wunder, dass Karl Nicolussi Leck eine besondere Beziehung zur Kugelform hat: Sie ist ihm Inbegriff des Ganzen, der Ausdruck von Geist und Materie und die vollkommenste aller Formen.

Im Jahr 1995 beschloss er, dem Sinnbild seiner Lebenshaltung konkrete Form zu geben, und kündigte mit einem Brief sein Vorhaben an: „Die Kugel, jene Gestalt der Äquidistanz aller Punkte von einem Punkt,

Einer der vielen schattigen Sitzplatze, die der Hausherr zur Rast, Meditation oder Geselligkeit nutzt.

ist durch ihre Symetrievollkommenheit Gestaltungsprinzip des Universums vom Atom, zum Stern, zur Raumzeitkrümmung." Sie solle tags das Natur- und Menschenwerk widerspiegeln, nachts an den blauen Planeten erinnern und ein Nachdenken über die Sinnhaftigkeit unserer Alltagshektik auslösen. Ausgelöst hat das voluminöse Werk dann allerdings auch Ablehnung und gerichtliche Klagen.

Weithin sichtbar ist die Kugel, die im flachen Rasen auf einem Bunker ruht – ganz vorne, an der Kante. Atemberaubend ist die optische Wirkung, wenn man vor ihr steht und sie mit vereinter Kraft in Drehung versetzt. Dann spiegeln sich in der gewölbten Stahlhaut die Menschen als langgezogene, verzerrte Gestalten und die Gipfel des Gantkofel, Schlern und der Texelgruppe als fliehendes Gebirge. Die 8 m hohe Gigantin scheint zu schweben, nichts deutet auf ihr tatsächliches Gewicht und ihr kompliziertes Innenleben hin. Franz Messner bezeichnet sie als „seine Seifenblase".

Nicht alle Kunstwerke im anderthalb Hektar großen Gelände sind gleichermaßen prominent platziert. Manche kauern im Halbschatten oder lugen aus dem Wildwuchs, andere hängen von den Wipfeln der Birken, Eichen und Ulmen oder ragen als skurrile Gebilde zum Himmel. Die Jahreszeiten ändern ihre Ausstrahlung; Vieles ist schon verwittert oder gar vom Efeu einverleibt. Museum ist Hochfrangart keines; hier sind die Kunstwerke mit der Natur verwachsen. Man schaut zu ihnen auf, geht unter ihnen durch, sitzt auf ihnen, dreht sich mit ihnen – und geht von Geschichte zu Geschichte. Wovon erzählt die Eule am Schwimmbad? Von jener Zeit, als aus den Mischwäldern der Umgebung noch viele Waldohreulen nächtens zum Trinken kamen und dabei mit schwerem Schlag die Wasserfläche streiften. Karl Nicolussi Leck hat ihretwegen ganze Nächte im Freien verbracht. „Als sie ausblieben, habe ich Friedrich Gurschler geholt. Er hat mir diese Bronzeskulptur gemacht."

Auf Hochfrangart regiert die Kreativität des Zufalls. Der Zufall führt hier Menschen zusammen – der

Skurrile Stammskulpturen in bunten Farben weisen den Weg nach Hochfrangart.

Hausherr hat Ideen und lässt etwas entstehen. Er regt die Künstler an, sich mit ihm und seinem Garten auseinanderzusetzen. Wenn ihre Kunst dem Geist des Orts entspricht, sind sie akzeptiert. 145 Werke sind so im Lauf der Zeit entstanden.

Der Besucher ist zum Schauen und zum Nachdenken aufgefordert. Seine Kunst, sagt Karl Nicolussi Leck, solle wie die Musik das Auge, das Gehör und das Gemüt in Wallung bringen. Willkommen ist, wer innehält; wer eigenmächtig auftritt oder sich nach Aufstellungs- und Auswahlkriterien erkundigt, ist unerwünscht. „Das sind unsinnige Fragen. Man muss wissen, wie die Dinge entstanden sind; die Genesis ist schön." Analysierende Kritiker nähmen ihm die Freude – sein Garten sei der Augenlust gewidmet.

Für ihn selbst werde Hochfrangart zu einem Ort, „wo man die Gesellschaft von Menschen nach und nach mit jener von Pflanzen und Tieren vertauscht, um sich auf die große Stille vorzubereiten."

↓ Die „Waldohreule" von Friedrich Gurschler; Pfingstrose

← Der große Teich unterhalb der Schlossanlage

WIE IM MÄRCHEN

Mythos und Magie präsentiert Herbert Tiefenbrunner in seinem Ansitz Turmhof in Entiklar bei Kurtatsch. Dort schuf sein Urgroßvater Johann Tiefenthaler um die Mitte des 19. Jahrhunderts einen Park in der Art barocker Schlossanlagen. Mit Reliefs und Skulpturen gab der Sonntagskünstler seine Lebensweisheit an die Nachwelt weiter.

„Der da oben ist Bacchus. Er lehnt besoffen an einem Baum, und aus dem explodierenden Fass werden Schlangen und Schreckgestalten in die Luft geschleudert." Wenn Herbert Tiefenbrunner das Vermächtnis seines Ahnherrn zeigt, kommt Leben in die Wandbilder am Schlossgebäude. Viel weiß er über ihre Symbolik zu erzählen. Das Motiv vom trunkenen Weingott habe Johann Tiefenthaler den Fantasien eines seiner Knechte entnommen, der an Säuferwahnsinn litt. „Mein Urgroßvater war ein humorvoller Mann, aber auch belehrend. Hier zeigt er augenzwinkernd die Freuden des Weins und warnt zugleich vor übermäßigem Genuss."

An einem Teich spielt sich ein weiteres Drama ab. Zunächst erkennt man nur Steinfiguren: einen im Wasser stehenden Mann und eine am Ufer sitzende Frau mit einem Kind auf dem Rücken und einem Fisch in den Händen. „Das ist ein alter Germane, der beim Fischen ins Wasser gefallen ist, weil sein Speer zerbrach. Jetzt steht er triefend nass da und schaut hinüber zu seiner Frau, die sich den Bauch vor Lachen hält – ein Symbol für Bosheit und Schadenfreude."

Ähnliche Deutungen legt Herbert Tiefenbrunner auch den anderen Figurengruppen unter, die seinen Park bevölkern. „Wo zwei sich streiten, freut sich der Dritte", sagt der Senior, und zeigt auf zwei eifersüchtige Wassernixen, die sich in den Haaren liegen und um die Gunst Poseidons streiten, der feixend daneben sitzt. Immer geht es um die Enthüllung menschlicher Beziehungsmuster – ob nun eine Steinzeitfrau ihrem Mann die Leviten liest oder ein Krokodil einer züngelnden Schlange die Zähne zeigt.

Es sind geheimnisvolle Gestalten, die sich da zu Pyramiden türmen oder in den Grotten tummeln: bezopfte Indianer, Adam und Eva, Lohengrins Schwan,

↓ Hortensie
↓ Hilde und Herbert Tiefenbrunner
↘ Blühen im Verborgenen: Funkien und Herbst-Anemonen

Pinguine, Salamander, Löwen, Leoparden, Adler, Affen – und Dornröschen, die einzige Märchenfigur im „Märchenpark von Entiklar". Neben allegorischen Bildern sind es vor allem mythologische oder historische Gestalten, mit denen Johann Tiefenthaler Selbstdarstellung und Kritik am Fortschrittsglauben seiner Zeit inszenierte.

Nicht nur Herbert Tiefenbrunners Schilderungen machen den Park lebendig, auch „echte" Tiere und Pflanzen bringen Bewegung in das Schattenreich. Im Teich schwimmen Forellen, Karpfen und ein zorniger Schwan namens Hansl, der den Verlust seiner Gretl nicht verschmerzen kann. Die Luft ist erfüllt vom Plätschern der Wasserfälle und vom Zirpen der Zikaden – außerdem angenehm kühl; dafür sorgen hohe Fichten und Eiben. Hauptdarstellerinnen aber sind die Funkien.

Hier zeigen sie selbst im finstersten Unterholz ihre Künste: „Mit Wurzeldruck und Schatten haben unsere ausgewachsenen Exemplare kein Problem", sagt Hilde Tiefenbrunner, außerdem seien sie pflegeleicht und kaum anfällig für Krankheiten. Wenn sich im August die weißen Blütenglocken am langen Stiel entfalten, entströmt ein süßer, schwerer Duft, der an Falschen Jasmin erinnert. Sind die Funkien verblüht, zaubern ihre hübschen Begleiterinnen – Begonien mit auffällig rötlicher Blattunterseite – das nächste Blütenmeer, ganz in Rosa.

Anders als die Funkien erfordern Schloss und Park enormen Pflegeaufwand. Die Fresken sind mit Erdfarben gemacht, die Figuren aus Sinterbrocken gemeißelt und mit einer speziellen Mörtelmasse geformt. Da seien Experten gefordert, sagt Herbert Tiefenbrunner, nicht nur Geld und Zeit. Aber es bereite ihm auch Freude, Besucher durch den Park zu führen und auf diese Weise das Erbe seines Urgroßvaters zu bewahren.

Im Gastgarten, unter den alten Eichen, ist der Gang durch die magische Welt der Mythen zu Ende. Die Gäste haben ein ganzes Welttheater passiert, viel Dramatik erlebt und freuen sich nun auf Prosaisches: Wein, Brettljause – und das Kaiserjägerlied vom treuen deutschen Unterland, das der Schlossherr gern zitiert.

BLAUES BLUT UND GRÜNER DAUMEN

Mit fünf Hektar hat der Garten von Eliane du Parc aristokratische Größe. Groß ist auch das gärtnerische Können der Gräfin von Schloss Rubein in Meran. Sie hat um den jahrhundertealten Baumbestand grüne Teppiche, farbenfrohe Staudenbeete, Rosenduft und originelle Ideen gelegt und damit einen Englischen Park geschaffen.

Soeben sind Gäste aus Amerika eingetroffen. Die Schlossherrin zeigt den Besuchern die Suite im Schloss und das Schwimmbad im Park. Auf der gepflegten Liegewiese dösen die anderen Hausgäste und genießen sichtlich die Ruhe, die Sonne und den Anblick einer langen Reihe schön geformter Terracottakübel, aus denen weißes Solanum quillt. Dabei gäbe es ringsum auf den schier unendlich weiten, sanft modellierten Rasenflächen, in den schattigen Wäldchen, hinter altem Gemäuer, grünen Wänden und geschwungenen Hecken noch ganz andere Schönheiten zu bestaunen.

Tatsächlich – eine Frau im zarten Sommerkleid sitzt in der Hainbuchen-Kuppel und liest. Der Park biete so viele verschiedene und dermaßen idyllische Sitzplätze, dass sie heute mit ihrem Buch eine kleine

„Gartenlesereise" unternehmen wolle. Außerdem habe sie drüben im Gemüse eine Schildkröte entdeckt, die ihr sogar gefolgt sei, bis hierher in dieses lebende Iglu: „Ist ja unglaublich schnell, das Tier!"

Was die Dame lapidar Gemüse nennt, ist ein Garten mit Fasson – gestaltet mit Geometrie und Fantasie, gemalt aus Früchten, Blumen, Hecken und Wegen. Ein großes, von prächtigen Funkien gerahmtes Wasserbecken fungiert als Rondell, die buchsgesäumten Beete bilden einen Strahlenkranz mit gleichförmigen Segmenten.

Ein Fest für die Nase bieten die unzähligen Rosen. Vor allem die Englischen haben es der Schlossherrin angetan. Doch Buchs und Bambus, Hortensien und Rhododendren zählen genauso zu ihren Lieblingen – von den Kamelien ganz zu schweigen: Viele alte Exemplare stehen im Park, und wenn die eleganten Asiatinnen in Blütenrausch geraten, ist er in märchenhaftes Rosa, Rot und Weiß getaucht.

Alt sind auch die Bäume von Schloss Rubein. Die Zedern, Kastanien und Mammutbäume stehen wie Persönlichkeiten da, gepflanzt, um den historischen Charakter des Anwesens würdevoll zu unterstreichen. Sie sind das Besondere in diesem Garten, geben ihm Höhe und verwandeln die Gartenfläche in einen Gartenraum. Manche Rarität versteckt sich darin, wie etwa ein fast 200 Jahre alter Berglorbeer. Herrlich sei er, aber schwierig zu halten, erzählt Eliane du Parc am lauschigen Sitzplatz im Schatten eines Maulbeerbaums – auch er ein Traum von einem Baum.

Angesichts des exquisiten Blütenzaubers, den die als heikel verschrieenen Kamelien hier entfalten, traut man der Gräfin auch beim Berglorbeer ein gutes grünes Händchen zu. Sie stiftet übrigens noch ganz andere Partnerschaften, zum Beispiel: knallgelbe Zitrone mit violetter – Aubergine. „Das gefällt mir", schmunzelt Eliane du Parc. Sie habe das Pflänzchen in den Zitrustopf gesteckt, weil im Gemüsegarten kein Platz mehr war. Und den Gemüsegarten selbst habe sie vom bischöflichen Herrengarten in Brixen abge-

↑ Lieblingsplatz der Gräfin: Die Fresken zeigen unter anderem alle ihre Hunde.
↑ Dichternarzissen
↗ Sitzplatz unter einer der alten Birken

Eliane du Parc

schaut. Die Funkien auch? Na ja, meint sie, die Hosta gelte zwar als Schattenkünstlerin, doch offensichtlich fühle sie sich hier am Wasser und in der prallen Sonne ziemlich wohl – man könne es ja probieren!

Zu Wolken – und nicht akkurat zu Kugeln – geschnittenen ist der Buchs. Jedem Strauch hat Eliane du Parc eine eigene Form verpasst; jetzt ziehen sich die Hecken wie grüne Rauchschwaden die Kieswege entlang. Solch verspielte Schöpfungen hat sie in England entdeckt, ebenso wie die Kunst, Staudenbeete anzulegen, die stufenweise zum Rasen abfallen und rund ums Jahr eine üppige Fülle von Blattformen und Blütenfarben zeigen.

Jede freie Minute verbringt sie im Park, immer mit Schere bewehrt, immer in Gedanken an künftige Projekte. Das sind – neben den anfallenden Renovierungen im Schloss – auch viele gärtnerische: ein Teich mit großer Sumpfzone, ein Saum von 2000 Narzissen am Gehölzrand, für den Kompostplatz ein Tor aus den abgebrochenen Stangen, die sie in ihrem Bambuswäldchen sammelt.

Eben dort begegnet ihr der erwähnte Hausgast im zarten Sommerkleid. Die Dame berichtet begeistert von beschaulichen Sitzplätzen – und einem gepanzerten Flitzer. Da winkt die Gräfin erheitert ab: Die Schildkröten seien hier keineswegs flotter unterwegs als anderswo, nur eben zu viert.

↑ Buchsbaumcumulus, im Hintergrund Schwarzer Bambus
↗ Englische Rose 'Gertrude Jekyll'
↓ Rose 'Queen Elizabeth', Rose 'Irish Wonder', Kamelie (*Camellia sasanqua*), Hagebutte

Den Weg durch den Park von Schloss Rubein säumen in diesem Abschnitt verschiedene Ahornsorten (links) sowie ein Zürgelbaum (rechts), als Bodendecker machen sich Dickmännchen breit.

DER BÄUMEFLÜSTERER

Fritz Ladurner zählt nicht zu den Perfektionisten und Gestaltungshungrigen unter den Gartenmenschen. Der ökologisch engagierte Beamte und gelernte Förster aus Dorf Tirol findet es spannender, dem Rauschen eines Baumes zu lauschen und der Natur ihren Lauf zu lassen. Dazu bietet ihm der hundertjährige Garten seines Großvaters jede Gelegenheit.

Im Winter hebt sich vom Einheitsgrau des kahlen Meraner Küchelbergs deutlich ein grüner Streifen ab. Es ist der Ladurnergarten, ein botanisches Kleinod und das Vermächtnis eines großen Pflanzenfreundes.

Im Jahr 1907 kaufte der Pharmazeut und Botaniker Arthur Ladurner vom akademischen Maler Theodor Spöttl ein anderthalb Hektar großes Grundstück am steilen Südwesthang des Meraner Hausbergs ab und fasste den Plan, in diesem klimatisch günstigen Gelände einen „Hortus mediterraneus" zu schaffen, eine Art botanischen Versuchsgarten, in dem vor allem Gewächse aus dem Mittelmeerraum Platz finden sollten. Damit sie Fuß fassen und gedeihen konnten, wurde zunächst gerodet und dann ein verästeltes Netz aus Steigen, Steintreppen und kleinen Stützmauern angelegt. Als die Tappeinerpromenade durch den unteren Teil des Grundstücks geführt wurde, erleichtere dies auch den Zugang in das extrem steile Gelände.

Die Pflanzen stammten aus einer Baumschule am Lago Maggiore: immergrüne Vertreter der Macchia, wie Myrte, Heiligenkraut, Rosmarin, Salbei, Lavendel, Zwergpalme und einige Arten von Zistrosen. Vor allem *Cistus laurifolius* und der Binsenginster sollten das trockene Felsgelände beschatten und zur Blütezeit in weiße und gelbe Schleier und in aromatische Düfte hüllen. An Bäumen wurden Ölbaum, Stein- und Kork-Eiche, Pinie, Zypresse und Erdbeerbaum angepflanzt. Exotische Note verleihen mexikanische Orangenblume, chinesischer Klebsame, Japanische Wollmispel, Hanfpalme und Kakteen.

Arthur Ladurner teilte Arbeit und Forschersinn mit seinen beiden Meraner Freunden Erwin Hampl und Karl Ludwig Honeck. Sie setzten ihre Schätze als Jungpflanzen im „Mediterraneum" aus und hegten sie liebevoll auch dann noch, als sie selbst ins hohe Alter gekommen waren. Als Arthur Ladurner mit 89 Jahren starb, vermachte er den Garten seinem Sohn Artur, dem langjährigen Gemeindearzt von Dorf Tirol. Der stellte sich voller Begeisterung der neuen Aufgabe, bepflanzte in jahrelanger Plackerei den oberen Teil

Fritz Ladurner beim Säubern der Steige

← Blick vom Ladurnergarten über Meran zum Tisner Mittelgebirge
↓ Fritz Ladurner mit Sohn Gerd und Cousins beim Freihalten mediterraner Raritäten
↓ Mit Akribie und Freude verwaltet Fritz Ladurner die umfangreiche Dokumentation zum Garten: Urkunden, Pläne, Briefe, Pflanzenlisten und Aufsätze.

Efeu überwuchert den Rohhumus aus Piniennadeln.

des Gartens, schuf ein ausgeklügeltes System von Wasserleitungen und gemauerten Becken als Regenwasserspeicher und erweiterte das Gut auf zweieinhalb Hektar. Der Idee seines Vater blieb er dabei immer treu, und so reichen sich im Ladurnergarten heute noch Mittelmeerflora und submediterrane Standortsflora die Hand. Dann ging das immergrüne Erbe an seinen Sohn Fritz, der sich oft und gerne an seinen Vater erinnert: „Als Pensionist hat er jeden Tag dort verbracht, bis kurz vor seinem Tod mit 92 Jahren, und manchmal hat er auch die Geige mitgenommen."

Fritz Ladurner muss festes Schuhwerk und Baumschere mitnehmen, wenn er seine mediterrane Insel ansteuert: Haufen von trockenen Piniennadeln verwandeln die Kletterei leicht in eine Rutschpartie, und dort, wo sich Humus bildet, schießen die heimischen Eschen, Zürgelbäume und Flaum-Eichen wie Pilze aus dem Boden. „Die Exoten halten sich tapfer, aber die bodenständige Flora wird ihren Stammplatz wieder einnehmen", vermutet der Forstmann. So schneidet er denn unermüdlich die wieder heranwachsenden Stockausschläge ab, befreit die Bäume aus dem Würgegriff des Heckenknöterichs, zupft des Wegs beherzt an den heranwachsenden Wildgräsern und säubert die Stufen vom Geröll. Steinschlag sei hier nämlich ein großes Problem: „Da braucht es einen gemächlichen Gärtner

↖ Feigenkaktus ← Flaum-Eiche ↑ Königskerze ↑ Lauch

↓ Lorbeerblättrige Zistrose ↓ Perückenstrauch → Opuntie ↘ Braunstieliger Streifenfarn

und eine gute Verbauung." Im Übrigen gäbe es leider übereifrige Menschen, die schon mal eine botanische Rarität köpften, um bessere Sicht auf Fuchs und Dachs und Rehlein zu bekommen.

Fritz Ladurner bedauert, dass der Balearische Buchs heute im Schatten steht und die Lorbeerblättrige Zistrose, die sich jahrzehntelang vermehrt hatte, nur mehr vor sich hinvegetiert. Umso mehr freut es ihn, dass Judasbaum, Stein-Eiche, Rosmarin, Wollmispel und Zistrose wild aufgehen, die Kork-Eichen dicke Borke tragen und die Ölbäume knorrige Stämme. Schön sei es zu sehen, wie die Spornblume, eine genügsame Sonnenanbeterin, fröhlich und karminrot den ganzen Sommer durchblühe. Und über die vielen Löcher in den Pinien freuen sich nicht nur die Spechte, sondern auch der Gartenbesitzer.

Als ein warmer Windstoß in eine Aleppo-Kiefer fährt und harzigen Duft verströmt, umfasst Fritz Ladurner *Pinus halepensis* und lauscht aufmerksam dem Ächzen im Geäst: „Ohne Wind ist ein Baum geknebelt, doch schon ein kleiner Luftzug reicht ihm aus, um sich mitzuteilen."

Mediterrane Flora zu Füßen von Dreitausendern: Aleppo-Kiefer, Binsenginster, Zistrose, Rosmarin und – Zielspitze.

Sukkulenten-Halbwüste mit Aloenblüte auf dem Kakteenhügel vor Schloss Trauttmansdorff

GARDENING & MARKETING

Vor großartiger Kulisse präsentieren die Gärten von Schloss Trauttmansdorff 80 Gartenlandschaften aus aller Welt. Im Jahr 2005 wurden sie zum „schönsten Garten Italiens", 2006 gar zu Europas Garten Nr. 6 gewählt. Für solche Prädikate braucht es nebst politischem Willen, stimmigem Konzept und nötigem Kleingeld vor allem Leute mit Umsetzungselan: Zwei davon sind Gartendirektor Klaus Platter und dessen Obergärtner Klaus Messmer.

Sieben Jahre Bauzeit waren nötig, um aus den zwölf Hektar rund um Schloss Trauttmansdorff einen Garten Eden zu schaffen – ein weitläufiges Areal, das Pflanzen aus aller Welt vereint, das aber auch typische Südtiroler Landschaften vorstellt. Spazierwege führen durch Wasser- und Terrassengärten den Hang empor, erschließen einen Sinnesgarten und einen Japanischen Garten, den Kakteen- und Sukkulentenhügel und den Bereich mit klassischen Kulturpflanzen des Südens wie Olivenbaum und Weinrebe. Die Anlage bietet – bei einem Höhenunterschied von mehr als 100 Metern – stetig wechselnde Ein- und Ausblicke auf die umliegenden Gebirgsketten, die Stadt Meran und die Gärten selbst. Elf Künstler-Pavillons und eine spektakuläre Aussichtsplattform sind eine geglückte Verbindung mit der gestalteten Natur eingegangen.

„Vor der Eröffnung mussten wir uns manch harsche Kritik anhören", erinnert sich Gartendirektor Klaus

Blumenwiese auf dem Dach des Besucherzentrums

Platter: „Heute redet kein Mensch mehr darüber. Die Gärten haben sich innerhalb kürzester Zeit zum Aushängeschild Südtirols entwickelt und sind aus Meran nicht mehr wegzudenken. Für viele Südtirol-Urlauber ist ein Besuch der Gärten mittlerweile zu einem Muss geworden, viele kehren zu verschiedenen Jahreszeiten und Anlässen immer wieder zurück."

Ein neuer Gartenbereich, ein neues Kunstwerk oder die eine und andere neue botanische Rarität würden auch in Zukunft dafür sorgen, dass hier nie Langeweile aufkommt, verspricht Klaus Platter. So habe man beispielsweise die *Wollemia nobilis* zum Arterhalt in die Gärten geholt, einen ausgestorben geglaubten Nadelbaum aus der Zeit der Dinosaurier. Oder einen Olivenbaum aus Sardinien, dessen Alter auf 700 bis maximal 800 Jahre geschätzt wird. Er wog beim Pflanzen unglaubliche 5,3 Tonnen!

Auch ökonomisch scheint die Rechnung aufzugehen: Mittlerweile könne man mit den Eintrittsgeldern nicht bloß die laufenden Kosten, sondern zum Teil auch Neuinvestitionen finanzieren, zieht Klaus Platter zufrieden Bilanz; das sei für eine öffentliche Institution wahrscheinlich nicht nur italienweit einzigartig.

Der Obergärtner steht mitten im Sprühnebel unter Farnen; er kümmert sich gerade um ein heikles Pflegeproblem. Hier in den Waldgärten ist die Düngung besonders schwierig. Die Pflanzen dürfen gerade so viel Nahrung erhalten, um gut zu gedeihen, und exakt so wenig, um nicht in die Höhe zu schießen. Außerdem dürfen nicht zu viele ausgeschwemmte Nährstoffe in die 20000 Kubikmeter Wasser gelangen, die im neun Hektar großen Gartenareal die Runde – und mithin auch zum Seerosenteich geschickt werden: „Das war in den ersten Jahren gar nicht so einfach", erzählt Klaus Messmer. Jetzt aber werde das Seewasser mit Mikroorganismen belebt und damit erfolgreich geklärt; da dürfe sein sensibles Gleichgewicht nicht durch unkontrollierte Nährstoffzufuhr gestört werden. Immerhin sei der große See mit den umliegenden Terrassenanlagen das Herz der Gärten

Lavendelfeld unterhalb des Schlosses

von Schloss Trauttmansdorff: „Das Wasser und die Sonnengärten ziehen die Besucher besonders an", weiß der Gärtner. Sein eigenes Herz jedoch gehöre den Waldgärten.

Er liebt die Naturlandschaften, die hier durch Auwald, Lorbeer- und Sumpfzypressenwald vertreten sind, aber auch die Kulturlandschaften, von denen Reisterrassen oder Teeplantagen Beispiel geben, oder die Themengärten, wie etwa das Bambuswäldchen. An den wintergrünen Gräsern fasziniert ihn die zarte Eleganz und unbeugsame Lebenskraft. Anschaulich erzählt er von Geschmeidigkeit, Stabilität und anderen Eigenschaften, die den Bambus zum vielgeschätzten Symbol und Baumaterial vor allem in der japanischen Kultur machen: Häuser und Möbelstücke werden aus Bambus gefertigt, Körbe und andere Behälter sind aus Bambus geflochten, mit Bambus wedeln sich die Damen Frischluft zu, seine hohlen Halme dienen als Wasserleitung oder als Klangkörper für Musikinstrumente. „Wir wollten mit unseren Installationen die vielseitige Verwendung von Bambus zeigen, aber auch eine Sammlung anlegen, die gut wirkt." Das Ensemble

↓ Laub- und Nadelbäume amerikanischer Herkunft begleiten die Ufervegetation in den Waldgärten.

sei das Besondere daran, nicht die einzelnen 40 Arten und Sorten aus Asien, Amerika und Afrika. Auch als Inspiration für gärtnerische Gestaltungsmöglichkeiten sei der Bambuswald gedacht. Die locker stehenden Halme der großwüchsigen Arten bilden einen immergrünen Blätterschleier und können damit Sichtschutz oder Schattenspender sein, horstige Arten eignen sich als Heckenschutz und für den Einzelstand, und dass Bambus mit einer Rhizomsperre eingehaust werden muss, wird in Trauttmansdorff auch gezeigt. Bambus fände zunehmend Eingang in private Gärten, meint Klaus Messmer, aber auch an Bäumen und Stauden sehe man jetzt mehr als die wenigen, bisher üblichen bewährten Arten. Der Einfluss von Trauttmansdorff wirke.

Mit rund 5400 Pflanzenarten und -sorten bietet Trauttmansdorff in verschiedenen Themengärten einen repräsentativen Querschnitt. Für die Pflanzenauswahl und Recherche ist die Gartenkuratorin Karin Kompatscher verantwortlich. Die unterschiedlichen Gartenbereiche seien im Übrigen auch für die Gärtner eine tolle Herausforderung, abgesehen davon, dass

Im Herbst gibt der japanische Garten von Schloss Trauttmansdorff seine schönste Farbe preis: das leuchtende Rot des Fächer-Ahorns.

man als öffentlicher Garten stärker unter Beobachtung stehe. Messmer ist mit seinem 25-köpfigen Team von Gärtnerinnen und Gärtnern sehr zufrieden; es sei harmonisch, stabil und durchaus hart im Nehmen, wenn es um grobe Pflegearbeiten oder Arrangements gehe, die in einem Garten ja oft über Nacht bewerkstelligt werden müssten. Die Besucherinnen und Besucher sollen sich bei ihren botanischen Streifzügen schließlich nicht beeinträchtigt fühlen.

Und dieses große Team ist freilich auch der markanteste Unterschied zum Dasein eines Hobbygärtners: Hier sind viele Köpfe, Hände und Herzen am Werk, die alle zusammenwirken und ihr Bestes geben, um „ihren" Garten mitzuprägen und Trauttmansdorff zu gestalten.

Die strammen Säulen in diesem Pavillon tragen ein bewegliches Dach aus Blechlamellen, deren Schatten das Lichtspiel unter einem Blätterdach nachahmen.

Im Zentrum der Gärten thront Schloss Trauttmansdorff, ehemals Winterdomizil der Kaiserin Elisabeth von Österreich.

↑ Irisblüte → Brigitte Gutweniger inmitten ihrer Lieblingsblumen: Iris und Mohn

ALLE FARBEN DES REGENBOGENS

In über 30 Gartenjahren haben Brigitte und Walter Gutweniger ihren Traum vom Süden verwirklicht – an einem steil abfallenden Hang oberhalb von Meran. Ihr vielfach gestuftes Gartenreich birgt eine Fülle ausgesuchter mediterraner Pflanzenschätze. Höhepunkt des Gartenjahrs ist die berauschende Blüte der 1 000 Iris.

Bambus und ein hoher Zaun schirmen das Grundstück zur Straße hin ab. Aber manches exotische Juwel dahinter hat sich zu solcher Pracht entwickelt, dass es den Sichtschutz überragt oder von der höchstgelegenen Terrasse herunterleuchtet: Der Blumenhartriegel etwa – mit karminrosa oder weiß gefärbter Scheinblüte und orange-scharlachroter, lang anhaltender herbstlicher Laubfärbung – erreicht hier Baumgröße. *Cornus florida* 'Rubra' und *Cornus nuttallii* sind aber nur ein kleines Vorspiel im Vergleich zu dem, was sich hinter dem Portal versteckt: eine ganze Sinfonie aus Farben, Duft und Vogelgezwitscher, die im Nachmittagslicht so unwirklich scheint, dass man sich in einem verwunschenen Garten wähnt. Ein breiter Weg führt steil hinauf; er ist gesäumt von seltenen Rhododendren und überdacht von Rosenbögen und Kaskaden blühender Zweige anderer duftender Sträucher. Steintreppen erschließen die schmalen Terrassen, und folgt man ihnen, empfangen einem neue Überraschungen.

Ganz oben am Hang hat Walter Gutweniger einen Sitzplatz angelegt und ihn mit schön gestalteten Elementen mediterraner Baukultur und Lebensart ausgestattet. Von der malerisch überwucherten Pergola aus öffnet sich ein überwältigender Blick auf Meran und das Burggrafenamt. Die dichte Vegetation dämpft jedes Geräusch, das aus dem Talkessel heraufdringt.

In dieser Oase verbringen Brigitte und Walter Gutweniger ihre Freizeit – sofern sie nicht auf Fernreise sind. Hierher laden sich die beiden oft und gerne illustre Gäste ein, die sie eloquent und kulinarisch zu verwöhnen wissen. Hier genießt der Architekt die Zeitungslektüre, hier arbeitet seine Frau den ganzen Tag:

↑ Rhododendrenblüte
↗ Ein Gemälde des Künstlers Gotthard Bonell
→ Rhododendron, Bergenie, Fruchtstand eines Türkischen Mohns

↑ Weigelie, Chinesische Azalee, Kamelie, Strauß Historischer Rosen
↓ Fachgerecht geputzte, geteilte und eingekürzte Irisrhizome
↘ Walter Gutweniger

„Wenn ich Stützmauern aufstellen könnte, würde ich auch das noch machen!" Brigitte Gutweniger bedauert, dass sie nur zwei Hände hat und weiß die zwei weiteren zu schätzen, die ihr Bruder Klaus ganztags zur Verfügung stellt. Dem gelernten Diplomingenieur seinerseits gefällt das beschauliche Leben eines „Aushilfsgärtners". Und für die schweißtreibenden Reparaturen an den vielen Mauern und Treppen habe er sich eben Knieschützer zugelegt.

Das insgesamt 6800 m² große Grundstück erhielt Walter Gutweniger 1972 von seinem Vater als Geschenk zur Promotion. Die Mutter hielt es für einen „teuren Kartoffelacker". Ihr Sohn rodete die Apfelbäume und beschloss, 3000 m² des steilen und steinigen Areals in einen Garten mit südländischem Pflanzenschmuck zu verwandeln und den Rest als Streuobstwiese anzulegen, mit einer Vielzahl alter Sorten. Karl Ludwig Honeck half ihm, den Plan umzusetzen. Der damals bereits 78-jährige Meraner Botaniker scheute keine Mühe und nutzte seine Verbindungen, um erlesene Pflanzen aus aller Welt zu beschaffen. „Bei uns konnte er sich austoben", erzählt Walter Gutweniger, „er durfte bestellen, was er wollte." Es freut ihn, dass heute die Früchte dieser zehnjährigen Zusammenarbeit als geschütztes, privates Grün im Bauleitplan der Gemeinde eingetragen sind.

← Der Eingang zum Garten – über allem thront Schloss Tirol ↘ Glyzine

Ein Spaziergang durch den Garten ist gleichzeitig eine geobotanische Reise um die Welt. Man begegnet Seltenheiten wie dem Kampferbaum, besonderen Arten von Eukalyptus, außergewöhnlich stark duftenden Magnolien, vor allem aber einer überbordenden Vielfalt mediterraner Gewächse, die hier, auf dem trockenen Südhang und in dieser ausgewachsenen Gesellschaft, eine ganz eigene Wirkung erzielen. Die größte Besonderheit des Gartens sieht Walter Gutweniger allerdings darin, dass er nicht besonders gepflegt ist: „Wir geben dem Unkraut ein Chance."

Mageren Boden und pralle Sonne lieben nicht nur mediterrane Pflanzen, sondern auch die Schwertlilien. Für sie hat Brigitte Gutweniger eine intensive Leidenschaft entwickelt. Der Sammelvirus hat sie voll erwischt und zeigt die typischen Symptome: Mit kleiner Pflanzung eingeschleppt, verbreitet er sich rasch mit dem Erwerb verschiedener Arten, bei der Vermehrung, beim Bestellen aus speziellen Katalogen. Brigitte Gutweniger besitzt Iris in nahezu allen Farbtönen, von unterschiedlichem Wuchs und mit Blütenformen in jeder Variation, und da die Prachtentfaltung nur von kurzer

Blick Richtung Algund

Dauer ist, verlängert sie die Blühdauer durch Pflanzung verschiedensten Sorten.

Ein Bild für Götter, wenn dann ein sanfter Sommerregen fällt und die Wassertropfen wie Perlen an den Blütenblättern hängen bleiben!

↑ Blick vom „Felsengarten" über die Dächer von Schlanders → Elfi Sommavilla liebt es, Rankgerüste zu konstruieren.

LUSTGARTEN MIT LOGENPLATZ

Der Glaube kann Berge versetzen, dachte Elfi Sommavilla, und verschob Tonnen von Geröll, um den Steilhang hinter ihrem Haus in Schlanders in einen kunstreich gestuften Garten zu verwandeln. Damit er ihr nicht zu viel Arbeit und auch den vielen Freunden der Familie Freude macht, zog sie über eine der beiden Terrassen eine – Bocciabahn.

Glück auf allen Ebenen: Elfi Sommavilla und ihr Mann Heiner Stecher hatten lange nach einem Haus im Grünen gesucht. Als sie ein altes Gebäude am Berghang besichtigten und im völlig vermurten Gelände herumkletterten, wussten sie sofort: Das ist unser Platz, von hier aus haben wir freien Blick über Dorf und Tal!

Ein steiler Hang, viel Sonne und wenig Niederschlag – solche Grundstücke sind eine echte Herausforderung für ihre Besitzer. Elfi Sommavilla wusste kreativ damit umzugehen. Zwei Monate lang wurde gerodet und gebaggert, dann war der Garten strukturiert. Doch es fehlten noch Mauern, Treppen und Stufen, ehe aus den beiden schmalen Terrassen und der seitlichen Schräglage zwei grüne Tribünen und ein Gemüsegarten entstehen konnten. Um die Ebenen miteinander zu verbinden, suchte die Keramikkünstlerin Hilfe bei Freunden, die mit Stein und Flex genauso gut umgehen können wie sie selbst mit Ton und Modellierholz.

Heute haben ihre Freunde einen anderen Grund, regelmäßig den Felsen-Garten aufzusuchen: die Bocciabahn. „Alle kommen gerne, jeder bringt was mit, dann wird gespielt und gelacht". Elfi Sommavilla freut sich schon auf das nächste Fest. Für den feierlichen Rahmen ist bereits gesorgt: Entlang der Bahn führt Klatschmohn seinen roten Reigen auf – mohnsüchtig könnte man werden, wenn man die seidenen Blüten im hellen Kiesbett glühen sieht. „Wenn das auch noch Garten wäre, könnte ich die Arbeit nicht bewältigen", lacht Elfi Sommavilla, „da kam der Einfall mit der Bocciabahn gerade recht." Mit zehn Metern Länge sei sie vermutlich die kürzeste der Welt, aber wohl auch die mit der schönsten Aussicht.

Als Ehrengast fühlt sich, wer in der Pergola auf der oberen Terrasse – gewissermaßen in der Loge dieses Gartentheaters – Platz nehmen darf. Mit dem Rücken zur warmen Felswand, dem Lavendelduft in

↑ Schleppen ist Elfi Sommavilla gewohnt: In ihrem vielgestuften Garten hat sie selten eine Karre schieben können, aber oft in Kübeln nicht nur Werkzeug, sondern auch Gestein und Erde transportiert.
↓ Geißblatt

Die Treppen hinter dem Gartenhäuschen sind aus dem Fels gefräst und führen zum Kompostierplatz hinauf.

der Nase und einer königlichen Aussicht ist es ein Sitzplatz für alle Sinne. Geschirr zum Auftischen von Gaumenfreuden gibt es nebenan im Gartenhäuschen, und dieses wiederum gibt einen guten Eindruck vom handwerklichen Können der Hausherrin.

Sie hat es aus ausgedienten, hölzernen, filigran gefertigten Fensterrahmen konstruiert und mit gesammelten Schätzen ausgestattet. Auffällig sind die vielen, raffiniert einfachen Details – die Traufe beispielsweise: ein dickes, längs geteiltes Bambusrohr, mit verdrilltem Bindfaden an die Dachkante geknüpft. „Ich bin ein praktischer Mensch", erzählt Elfi Sommavilla, „mir gefällt, was zweckmäßig ist, aber auch schön; Lieblosigkeit kränkt mich." Die Nachbarschaft weiß ihre Kunst zu loben: „Gut, dass jemand aus dem altem Plunder was gemacht hat."

Tochter Valeria bekommt jetzt auch ein Häuschen. Seitdem ist ihr Vater im Garten nicht nur mit Kompost und Rasenpflege beschäftigt, sondern auch mit Pickel und Schaufel unterwegs. Der Arzt hat wenig Freizeit, umso mehr ist seine tätige Mithilfe gefragt und geschätzt.

Blumen und Gemüse gehören ganz der Ehefrau. Die Gurken kultiviert sie in Augenhöhe: in kleinen Vertiefungen hinter den Kronen der Trockenmauern. Dort ranken sie wüchsig über die heißen Steine, tragen for-

Logenplatz mit duftenden Kräutern und prächtigen Stauden mit Blick zum kargen Vinschgauer Sonnenberg

midable Früchte und sind beim Ernten bequem zu erreichen. Zwischendrin schiebt der Sternkugellauch seine Stängel in die Höhe. Sobald sich an den Blütenstielen die filigranen Sternchen entfalten, gleicht *Allium christophii* einem explodierenden Feuerwerkskörper. Nachdem Elfi Sommavilla es nicht übers Herz bringt, Verblühtes abzuschneiden, wird die erlauchte Gesellschaft ihre runden Silhouetten bewahren und – von Raureif überzuckert – neben den rostroten Dolden der hohen Fetthennen knistern: Wie der Funken sprühende Zierlauch ist auch *Sedum telephium* 'Herbstfreude' ein Asket in Sachen Wasser.

Treppauf, treppab – so gehts für Elfi Sommavilla ins Paradies, wo sie fast täglich irgendwo gräbt, irgendwas gießt, an irgendeinem kunstvollen Gestänge werkelt … oder einfach nur schaut. Zu ihrem Geburtstag haben liebe Freunde ein sinniges Geschenk in der Pergola platziert: einen edlen Liegestuhl. „Da könnte ich jetzt über meine Zehen und die Dächer von Schlanders auf die wunderbare Landschaft blicken und eine ruhige Kugel schieben!"

Doch schon fordert die fröhliche Gesellschaft an der Bocciabahn: „Elfi, du bist dran!"

Klatschmohn säumt die Bocciabahn; seine Samen purzeln umher und gehen bald da, bald dort auf.

Das Mitarbeiterinnenteam im Kindergarten von Neumarkt

DRAUSSEN LOCKT DAS ABENTEUER

Draußen spielen – das riecht nach Freiheit, Toben, Matschen. Draußen darf man laut sein und in der Erde wühlen. Draußen sind die anderen, mit denen man gemeinsam Pläne schmieden und Gefahren meistern kann. Wo gibt es solches Kinderglück? Mittlerweile vielerorts, aber beispielhaft in Neumarkt. Dort hat man Abschied genommen von platten Rasenflächen und genormten Spielgeräten.

Aufregung am Bachlaufhügel: Da hat einer entdeckt, dass der 600-Liter-Tank wieder gefüllt ist. Jetzt schart sich ein Grüppchen um die Pumpe und starrt gebannt auf jeden Strahl, der aus dem Eisenschnabel schießt. Schon rennen die ersten den Hügel hinunter, gilt es doch, Dämme zu bauen, Wälle zu fluten, im Auslauf zu matschen – oder einfach nur der Fließbewegung des Wassers im gewundenen Bett zu folgen. Welch ein Vergnügen! Die Kindergärtnerinnen schauen zu, ganz entspannt, denn sie wissen: Die Schwengelpumpe erfordert so viel Muskelkraft, dass sich der Wasserverbrauch fast von selbst reguliert. Hier wird der Grundstein gelegt für eine lebenslange Wertschätzung natürlicher Ressourcen; hier werden Strömung und Stillstand, Überfluss und Versiegen begreiflich gemacht.

In der Vogelnestschaukel liegen vier Kinder und genießen verträumt das gleichmäßige Schwingen, die Geborgenheit, den Wechsel von Licht und Schatten und den Blumenduft. Das Rund des Schaukelgartens ist abgesenkt und mit einem Erdwall eingefasst – eine reizvolle Verbindung, die Schutz vermittelt und Ruhe ausstrahlt. Sitzend finden in der Schaukel gar sieben Kinder Platz. Dann geht es manchmal hoch hinaus, aber Angst vor einem tiefen Fall – meint die Kindergärtnerin lachend – habe sie nicht. Der Boden sei mit Rindenmulch geradezu gepolstert, außerdem müssten Kinder ja auch lernen, Gefahren einzuschätzen: „Abenteuer bestehen, Risiken eingehen, das gehört zum kindlichen Spiel einfach dazu."

Auf der Baustelle gibt es nichts als Holz: Latten, Bretter, Klötze, Kisten. Ohne Leim und Nägel wird „gezimmert", was das Zeug hält, und täglich schaffen

↓ Sonnenblumenkinder der Kindergartenkinder
↘ Auf dem Weg in den Märchengarten

sich die Kinder eine neue Welt. „Gestern war da eine Bushaltestelle, heute ist ein Esstisch geplant." Die Kindergärtnerinnen sind eingeweiht, staunen über die Geschicklichkeit – und lassen gewähren, auch dann, wenn etwa tagelang nur gestapelt wird. „Es reicht, wenn wir den Kindern Räume und Dinge bieten, die sie zu eigenem Tun herausfordern: Höhlen zum Verstecken, Hügel zum Erobern, Bretter zum Bauen."

Das alles gibt es hier, und noch viel mehr: Tiere etwa, oder Kunstwerke. Die modellierte Landschaft verleitet zu Streifzügen. Ein Hügel fordert zum Klettern und Kullern heraus; er bietet luftige Ausblicke, ermöglicht Orientierung und beflügelt die Fantasie: Ein „Ritter von Castelfeder" thront oben auf den Steinblöcken, unten sucht eine verwegene Prinzessin den Durchschlupf in die Höhle. Auch eine Rutsche ist in den Hügel eingebettet, doch am tollsten sei es, im Winter auf dem Hosenboden hinunterzusausen.

Im Amphitheater treffen sich die Gruppen zum Feiern, Singen und Erzählen. Hier wird inszeniert, was die Zusammengehörigkeit fördert; hier wird aber auch stundenlang und selbstvergessen mit den herrlich glatten Kieselsteinen gespielt, mit denen die Arena ausgelegt ist. Und wo ließe sich besser ein Essen anrichten als auf den Granitblöcken der Tribüne! Die „echten" Zutaten liefert der Duftgarten, in dem Kräuter und Beeren wachsen. Wer daran zupfen will, muss über den Sinnesweg gehen, einen Pfad, der abschnittsweise mit Sand, Erde, Schotter, Rundkies, Pflastersteinen, Brettern und Rundhölzern befestigt ist – ein muster-gültiges Angebot fürs Auge, ein eindrucksvolles für die nackte Sohle! Kinder entwickeln ihre

↓ Rückkehr aus dem Weidendorf
↘ Kunst im Kindergarten

Sinne durch Hören, Beobachten, Befühlen, Schmecken, Ausprobieren, Herumtoben. Greifen ist immer ein Begreifen, Fassen immer ein Erfassen.

Ein „Garten für die Sinne" – das war das Ziel der Direktorin Beatrix Aigner. So hat sie denn ihre Mitarbeiterinnen motiviert, die Experten Udo Lange und Thomas Stadelmann von der „Pädagogischen Ideenwerkstatt Bagage" geholt und auch gleich die Eltern und deren Sprösslinge mit ins Boot genommen. Gemeinsam wurden Ideen gesammelt, Pläne diskutiert, Modelle gebaut, Ortsbegehungen durchgeführt, Arbeitstage organisiert – und gemeinsam wurde dann auch gefeiert! Groß sei die Arbeit gewesen, aber schön: Sie habe zusammengeschweißt und intensive Erlebnisse gebracht. Wenn die Kindergärtnerinnen in ihrer liebevoll gestalteten Gartenmappe blättern, wissen sie noch von jedem den Namen, der damals beim Bau des Weidendorfs dabei war. Überhaupt: Es gebe keine bessere Gelegenheit, um auch diejenigen, die sonst im Kindergarten selten in Erscheinung träten (die Väter), zum Engagement zu motivieren. Inzwischen sind die Kuppelbauten, Flechtzäune und Laubengänge zu einem Labyrinth verwachsen, aber immer noch helfen beim jährlichen Ausschneiden die Eltern mit.

Öffentlich zugänglich ist dieses Paradies natürlich nicht, aber wer einen Kindergarten gestalten will, erfährt in Neumarkt gewiss, welche Pflege beispielsweise ein Erdwall benötigt, wie ein Matschbereich angelegt wird – oder was die Kindergärtnerinnen sich jetzt einfallen lassen müssen, um die Kleinen wieder ins Haus zu locken.

← Die Banks-Rose (vulgo „Meranerröschen") im Park des Hotel Laurin ↑ Franz Staffler

AKROBATIN MIT KAVALIER

Das „Laurin" in Bozen ist bekannt als Treffpunkt der Schönen, Klugen und Reichen. Wenige wissen, dass im Garten des Parkhotels auch drei Pflanzen eine einmalige, schon viele Jahre währende Gesellschaft bilden: 26 m schwingt sich eine Banks-Rose in eine lichte, von Efeu umschlungene Zeder hinauf. Trilogie im Gleichgewicht, findet Hotelbesitzer Franz Staffler.

„4000 m², mitten in der Stadt: Normalerweise wäre das längst überbaut!" Wenn der verstorbene Hoteldirektor Remigius Havlik Gäste durch den Park führte und solche Sätze sagte, dann war dies Teil seiner Vermarktungsstrategie und Herzensangelegenheit zugleich. Voller Begeisterung rühmte er die Besonderheit der alten Bäume, voller Wehmut erzählte er von seiner Lieblingspflanze, einer Buche, die zwar Bombenschäden überdauert hat, nicht aber einen starken Windstoß vor wenigen Jahren.

Sein Gesicht hatte dieser Garten ständig verändert: Als ihn der Gerbermeister Karl Moser im 19. Jahrhundert schuf, war es eine verspielte Anlage mit buchsbaumbegrenzten Schnörkelrabatten, Fontänengeplätscher in Marmorbecken und weit größerem Ausmaß als heute. 1912 ging der berühmte Mosergarten in den Besitz der Familie Staffler über.

Viele der mächtigen Mammutbäume, Zedern und Magnolien stammen aus dieser Zeit der romantischen Gartenarchitektur. Ein wichtiges Element waren damals die „Exoten": seltene, dekorative und fremdartig anmutende Pflanzen, die nicht nur als gärtnerischer Schmuck, sondern auch aus Prestigegründen gepflanzt wurden. Der alte Baumbestand ist noch gut erhalten, wird bestens gehegt, nachgepflanzt und verschönt. Tonangebend sind neben den großformatigen Nadelhölzern auch Eibe, Ginkgo, Glyzine, Hartriegel, Palme, Pinie, Stein-Eiche und Japanische Wollmispel. Die Unterpflanzung in ihrem Schatten ist von Funkien und Astilben dominiert; großflächig angelegt sind die Rosenbeete im sonnigen Südteil der Anlage und die Kieswege, die sie in weiten Schlaufen durchziehen.

Aseptische Gepflegtheit im Garten schätzt Franz Staffler nicht; ihm gefällt die leicht verwilderte Vielfalt:

↑ Kunst im Park: Installationen und Skulpturen laden zum Schauen und Staunen ein, „Pilze" zum Plausch und Kaffeegenuss in gedämpftem Licht.
↗ Hartriegel in Herbstfärbung

↓ Eingang zum alten Wintergarten ↘ Sitzecke mit „Pilz"

Das unterschiedliche Alter der Pflanzen und ihr Reichtum an Arten ergäben eine interessante Mischung, in der auch Unkraut seinen Platz habe.

Großzügigkeit und gestalterisches Können zeigt die Ausstattung des wildromantischen Parks. Viele Skulpturen aus den Ateliers bekannter Künstler machen ihn spannend und geheimnisvoll, vielgestaltige, auch bequeme Sitzgelegenheiten laden zum Verweilen ein. An lauschigen Stellen stehen kunstvoll inszenierte und raffiniert gefertigte Säulen, über die man Musik und Beleuchtung selber regulieren und gar Bestellungen durchgeben kann. Übermäßig genutzt würden diese versteckten „Pilze" allerdings nicht: „Zu uns kommen eher Leute, die gesehen werden wollen", schmunzelt der Hotelier.

Im späten Frühjahr ist die Attraktion, die bestaunt werden will, eine grüne – nämlich die gelbe *Rosa banksiae* 'Lutea'. Als sogenannter Rambler ist die Kletterrose aus China die Artistin der Rosenzunft, sie kann die Wipfel höchster Bäume erstürmen und sich auf Biegen und Brechen darin festhalten. Im Hotelpark spielt eine alte Zeder den „Rosenkavalier". Aus ihren Ästen hängen die schlanken Triebe in meterlangen Bögen herab und bieten ein Schauspiel von berauschender Fülle, sobald sich die rosettenförmigen, gefüllten, duftenden Blüten öffnen. Wer in ihrer Schön-

Präzise Raumgestaltung, bewusst gesetzte Blickfänge und leicht verwilderte Bepflanzung in harmonischem Zusammenspiel

heit versinken will, muss dafür nicht bluten: Die Banks-Rose ist stachellos – im Gegensatz zur echten Meraner Rose, die stark bewehrt ist und deren Blüten zwar auch gelb sind, aber kupferrötlich schattiert.

In einen Rosentaumel zu verfallen hat Franz Staffler nicht die Zeit; schon schwingt er sich aufs Rad und macht sich auf zum nächsten Termin. Doch einen Kurzbesuch in seinem Garten macht er jeden Tag: „Es ist für mich die angenehmste Art, vom Bett ins Büro zu kommen."

Alois Lageder

IM SCHATTEN DES PARADEIS

Paradeis heißt eine Lage oberhalb des Dorfs Margreid. Darunter liegt der Garten des Casòn Hirschprunn, ein Park mit alten Baumriesen, deren Kronen viel Schatten auf den kargen Boden werfen. Mit großem gestalterischen Können und botanischem Wissen haben Weinpionier Luis Lageder und seine Experten Licht und Leben in die Dämmerung gebracht.

Wenn es an Licht fehlt, muss man erfinderisch sein. Gewiss: Luis Lageder hätte die Zedern und anderen großwüchsigen Bäume auch roden und auf den 4000 m² einen Prachtgarten anlegen können – als Demonstration menschlicher Macht über die Schöpfung sozusagen. Doch das ist nicht sein Stil. Er mag nicht das Künstliche, Spektakuläre, sondern achtet die Dynamik und Harmonie der Natur: „Die Pflanzen müssen nur richtig ausgesucht und in die richtige Position gebracht werden."

So ist in seinem Schattengarten das Grün nach anderen Kriterien als nach der Blütenfarbe ausgewählt: nach dem Habitus, der Form der Blätter, der Struktur der Blattoberfläche. Hier spielen Farne, Funkien und andere Blattschönheiten die Hauptrolle. Sie wachsen in stiller Eleganz und im Verborgenen – wer stehen bleibt, staunt über fantastische Arrangements und erliegt unversehens ihrer starken Ausstrahlung. Das Schattenreich am Fuß des Paradeis blüht nicht so laut wie ein Prachtgarten – aber es geht einem mit ihm wie mit bescheidenen Menschen: Je länger man sie kennt, desto lieber gewinnt man sie. Wer den Garten besuchen will, sollte Zeit und Neugier mitbringen und sich vorher in der „Vinoteque" anmelden.

Der Weg zum Park führt durch einen Rosengarten zu einem grünen Vorhang mit Durchschlupf: ein Eintritt, der feierlich stimmt und Spannung erzeugt, ein Prolog, der sitzt! Die Handlung dahinter ist ein Meer von Grün im Dämmerlicht, in ständige Bewegung gebracht durch den Tanz der Sonnenstrahlen,

↑ Herbst-Anemone 'Honorine Jobert', Roter Fingerhut, Astilbe, Türkenbund-Lilie
↓ In einer kleinen Arena trennen Buchsbaumzeilen die Zuschauerreihen.

Efeuranken, Japan-Anemone im Blattwerk einer Eichenblättrigen Hortensie, Großblättriges Kaukasus-Vergissmeinnicht

die das Blätterdach durchdringen. Ein breiter, buchsgesäumter Kiesweg bildet die Längsachse, ein rundes, spiegelndes Wasserbecken in der Mitte den Fluchtpunkt. Eine scheinbar überschaubare Inszenierung; wenn man sie durchwandert, tun sich zu beiden Seiten immer neue Räume auf.

Sträucher, die das Zwielicht lieben, bilden den grünen Rahmen: Hortensie etwa, Mahonie und Seidelbast, oder Immergrüne wie Schneeball, Stechpalme und Buchs. Darunter breitet sich das Blattwerk der Stauden aus – mit einer unendlichen Fülle von Formen und Farben: gefiedert, gezackt, derb, filigran, runzelig, glatt, glänzend und stumpf, silbrig gesprenkelt und golden gestreift, bronzefarben und blaubereift. Die Blätter sind der Samt, der die Blütenjuwelen erst zur Geltung bringt – oder mit entsprechenden Partnern schöne Kontraste bildet, wie *Dryopteris filix-mas* mit *Lamium maculatum*: Gemeiner Wurmfarn hinter Teppichen aus gefleckter Taubnessel, das ist nur eines von vielen gelungenen Beispielen im Garten des Luis Lageder. Alle seine Farne halten hinreißende Überraschungen bereit. Der eine produziert an den Blattenden petersilienartige Verzierungen, die Wedel eines anderen sind komplizierter verästelt als das Podelta. Selbst der schlichte Hirschzungenfarn versucht es mit einem schwarzen Stängel.

Gekonnt ist auch der Umgang mit panaschierten Pflanzen: Behutsam eingesetzt, sind sie nicht Unruhestifter, sondern ein Gewinn. Hier stehlen die Weißgefleckten niemandem die Schau, sind nur dort geschickt

platziert, wo düsteren Ecken ein optischer Aufheller gut tut. Lichte Effekte bringen auch die Blumen: die schwefelgelben Blütenschleier des Frauenmantels etwa, oder das zarte Rosa vieler Storchschnäbel und Herbst-Anemonen. Besondere Leuchtkraft geht von den weißen Blüten aus, die noch den kleinsten Strahl reflektieren, der durch das Dunkel dringt. Mit weißen Impatiens hat der englische Gärtner Nicholas Evison viele freundliche Lichtblicke gesetzt. Im Wintergarten, gleich hinter dem Gewürzgarten – beide ein Traum für sich – zieht er die anspruchslosen Dauerblüher aus Samen heran.

Mit Nick im Grünen zu arbeiten, die Stille zu genießen, ist Luis Lageders Wunsch für die Zukunft. Noch beschäftigt er sich mehr mit Reben und mit Kunst. „Aber jetzt schon gehe ich so oft wie möglich in den Garten, weil ich gerne mitverfolge, wie schön alles wächst." Außerdem sei Nick ein netter Mensch, der sich nicht aus der Ruhe bringen ließe – ein richtiger Gärtner eben. Einen Spezialisten für schattige Areale hat der Spitzenwinzer auch in Donald Leevers gefunden – einem Gartengestalter aus Australien, der in der Toskana lebt.

Noch fehlen die Möbel. Wenn Luis Lageder mit seiner Frau Veronika Riz, einer temperamentvollen und geistreichen Choreografin, auf die Pirsch geht, werden sie interessante Unikate finden – gewiss keine langweiligen Sitzgelegenheiten!

BLÜTENZAUBER RUND UMS JAHR

Vom ersten Krokus bis zur letzten Kamelienblüte haben Sepp und Karin Kiem Gartensaison. Ihr grünes Paradies in sonniger Hanglage oberhalb von Algund ist das prachtvolle Ergebnis ausgeprägter gärtnerischer Leidenschaft, intensiver Sammellust, einem sicheren Gespür für Farben und Formen – und von Organisationstalent.

Sepp Kiem ist ein Mann von schnellem Entschluss und großer Geste. Als eine Grundstücksmauer wegen Rohrverlegungsarbeiten beschädigt wurde, beschloss er kurzerhand, den Garten zu erweitern. Er holte Rat und Plan bei der Landschaftsarchitektin Marlene Dolar Donà, kaufte Fachliteratur, studierte Bezugsquellen, legte Listen an, organisierte Sattelschlepper und helfende Hände, und als die Apfelwiese gerodet und die neuen Flächen strukturiert waren, dauerte es keine zwei Tage – schon war alles gepflanzt.

Nun hatten die Kräuterbeete einen rosigen Rahmen, der Küchengarten sechseckiges Format, die Lilien und Stauden langgezogene Rabatten und die Kübelpflanzen gepflasterte Terrassen. Das gesamte Areal war jetzt eine inszenierte Abfolge unterschiedlicher Räume: Weinlaube, Obstanger, Schattenbeete,

Sepp Kiem im Wintergarten. Nach fachgerechter Überwinterung zeigen Sepp Kiems Zitruspflanzen gesunden Wuchs und kompakten Neutrieb.

Trockenhänge, Teich und Sitzplätze – sie alle bildeten einen eigenen, wohlgestalten Bereich. Wer die grünen Säle durchwandert, staunt über ständig neue Ein- und Ausblicke. Allein der Spaziergang durch den Kamelienhain ist eine Augenweide, in Etappen dargeboten – dafür sorgen die gewundene Wegführung und ornamentale Gräser, die sich im sommerlichen Übermut weit in den Pfad hineinlehnen.

„Übereilt mache ich nichts", sagt Sepp Kiem, „doch sobald ein Plan gefasst ist, bin ich schnell. Mir liegt systematisches Arbeiten, das Einteilen und Aufteilen." Die Gliederung des Gartens sei außerdem recht praktisch: So ließen sich die Pflanzen besser pflegen. Sein Plan, auf den 4000 Quadratmetern ein dauerhaftes Blütenfest zu veranstalten, ist inzwischen längst Wirklichkeit geworden: Bei ihm wird durchgeblüht.

Den Reigen eröffnen die Mahonien. Ungeachtet der Temperatur erscheinen mitten im Winter ihre gelben Blüten, auf die dann zahlreiche blaue Beeren folgen. Eine Kältefanatikerin ist auch die Zaubernuss, die sich, mit duftenden goldenen Sternen übersät, im klirrenden Frost präsentiert. Sogar ein Häubchen aus Schnee kann die zarten Fusselblüten nicht erschüttern: Packt der Frost besonders hart zu, rollen sie die Blütenblätter einfach ein – und bei milderer Witterung wieder aus.

Ein Prachtexemplar von *Choisya ternata* öffnet im März seine weißen Blüten; die köstlich duftende Orangenblume begleitet das Ehepaar seit seiner Hochzeit. Im April lässt die Banks-Rose ihre berauschende Üppigkeit in hohem Bogen herunterhängen. „Das sogenannte Meranerröschen blüht nur wenige Wochen, aber atemberaubend schön", schwärmt Sepp Kiem, der als Pflanzenspezialist auch die echte Meraner Rose kennt und besitzt. Schön blühen bei ihm auch die Tulpen – vielleicht deshalb so gut, weil er die Zwiebeln herausnimmt, zum Ausreifen in ein trockenes Schattenplätzchen legt und dann im Keller übersommert.

Mitte April wird der Wintergarten ausgeräumt. Das große Glashaus, für das er rund 30 alte Obstbäume

↓ Nelkenkirsche und Kamelie ↓ Zitronenblüte

↓ Sobald der letzte Zuckerhut im Nutzgarten geerntet ist, werden die Tulpenzwiebeln gesteckt. Kaum sind die verblüht, zieht wieder das Gemüse ein.
→ Hartriegel
↘ Sepp Kiem und seine Helfer beim Ausräumen der überwinterten Kübelpflanzen.

Auf dem Weg durch den Kiemschen Prachtgartens: links ein Kunstwerk von Arthur Kostner, Taglilien, Ziergräser, Hainbuche, Magnolie und Maulbeerbaum, rechts Rosen, Kamelie, Mittelmeerschneeball und Portugiesischer Kirschlorbeer

opferte, ist ein Traum: formschön, solide und technisch perfekt – ideal, um die Kübelpflanzen über die kalte Jahreszeit zu retten. Platz benötigt vor allem die Zitrussammlung. Der Hausherr liebt Zitronen, Orangen, Kumquat und Pomeranzen und hat für sie die schönste Terracotta gesucht. In Sachen Pflanzgefäß setzt Sepp Kiem allemal auf guten Ton.

Anfang Mai überziehen rosafarbene Kirschblütenteppiche *Prunus serrulata* 'Kanzan' und feine Blütenschäume die schirmförmige Krone des Seidenbaums. Taglilien betören mit zartfruchtigen Aroma, aber noch stärker duften im Juli die Edellilien. Sepp Kiem besitzt von der königlichen Hoheit unter den Zwiebelpflanzen einen ganzen Hofstaat und entfacht damit ein wahres Feuerwerk in seinem Blumengarten. Dort breitet sich an warmen Abenden eine Wolke betäubender Süße aus. Länger hält der Duft der Engelstrompeten an und vermischt sich im Oktober mit dem süßlichen Geruch, den ein Prachtexemplar von *Osmanthus auranticus* verströmt. Jetzt entfaltet *Camellia sasanqua* ihre eleganten Blütenkelche, die sich bis Weihnachten zu höchster Vollkommenheit entwi-

Weißdorn 'Paul's Scarlett' in leuchtend roter Blüte, mit Pantoffelblume und Storchschnabel zu Füßen (links), Iris und Taglilien, Ast eines Lederhülsenbaums im Vordergrund (rechts)

ckeln. Dann treten die Akteure des Wintermärchens auf: Gehölze mit Fruchtschmuck, Stauden mit bunter Laubfärbung und Immergrüne mit interessanter Textur. An stillen Morgen verwandeln sich die silbernen Wedel und flaumigen Blütenähren der Staudengräser in glitzernde Kostbarkeiten.

Sepp Kiem gelingt es, die Vielfalt der Farben und Formen zu perfekten Bündnissen zu arrangieren. In seinem Blütenparadies genießt er gemeinsam mit seiner Frau jeden Augenblick. Seit Ende der achtziger Jahre ist der Garten für den Anwalt zum unverzichtbaren Ruhepunkt eines umtriebigen Lebens geworden, das zwischen Kanzlei- und ehrenamtlicher Arbeit hin- und herpendelt.

Lange könnte Sepp Kiem in seinem Liegestuhl von Dolce Vita träumen – wenn da nicht lauter grüne Pläne wären, die natürlich unverzüglich in die Tat umgesetzt werden wollen ...

↓ Schmuckblattmahonie ↓ Japanische Skimmie → Schmuckblattmahonie, Blasenbaum ↘ Echte Mispel

Verblühte Herbst-Anemone 'September Charm'

←
Diese Seerosen hat Hans Stieler jahrelang in seinem Teich kultiviert und dann Martha Canestrini mehrere Rhizome abgetreten.

Ein Teil des Wasserbeckens im neu angelegten Garten

GARTEN HEISST WARTEN

Man nennt sie in Südtirol die Grande Dame der Gärten. In der Tat hat Martha Canestrini über Pflanzen viel zu sagen. Sie kennt ihren Habitus und ihre Wirkung im Jahresverlauf und kann diese Eigenschaften in richtiger Umgebung und Nachbarschaft gekonnt zur Geltung bringen. Nun hat sie ihren Garten in Neumarkt erweitert. Gelassen harrt sie der grünen Dinge, die darin wachsen werden.

Die neue Anlage liegt jenseits herkömmlicher Gartenbaukunst und stellt landläufige Sehgewohnheiten auf harte Probe. Vorläufig jedenfalls. Noch ist nämlich von geschlossenen grünen Räumen und üppigen Blütenträumen, die Martha Canestrini im Kopf hat, nicht viel zu erkennen. Noch hat sie erst strenge Strukturen geschaffen und Jungpflanzen gesetzt. „Ich wollte zwei klare Linien, die sich kreuzen – Wasser und Weg; Anarchie bringen dann die Pflanzen. In 20 Jahren bin ich alt, dann darf der Garten keine Eingriffe mehr verlangen." Ihre Pläne erklärt sie im Tonfall ruhiger Selbstgewissheit.

Das Konzept ist einfach: Vom prominent platzierten Zugang – Holzgatter mit Bogen und Spalier – führt der breite Weg über eine sanft geneigte Böschung in eine rechteckige Ebene: rechts Rasen, Gartenhaus und Gehölzgruppen, links zwei Nutzgärten; alles zusammen mittig geteilt durch einen breiten Kanal. Sein Regenwasser liegt gemächlich da, nur hie und da wird die spiegelnde Fläche von einem Lufthauch, einer Libelle oder einem schwimmenden Seerosenblatt leicht bewegt – ein Inbegriff von Ruhe und Verlangsamung.

Das Muster für diese Anlage hat Martha Canestrini in einem rekonstruierten holländischen Garten aus dem frühen 17. Jahrhundert gefunden. Zum Kompositionsplan gehört eine geradlinige, übersichtliche Führung, die von grünen Wänden flankiert wird. Sind diese erst hochgezogen, kann man von Raum zu Raum spazieren und hinter jeder Hecke, um die nächste Ecke etwas Neues entdecken. Aus dem Fundus geeigneter Pflanzen zu schöpfen, sich etwas Ausgewachsenes auszumalen – das macht Martha Canestrini sichtlich Spaß: „Hier werde ich einen Korridor aus Hainbuchen

Interessierten Gartenmenschen weiß Martha Canestrini Besonderes zu zeigen und viel zu erzählen.

pflanzen, vielleicht etwas Rotes dazwischen, und dort drüben Eiben; ich mag das Dunkle. Dahinter versuch ichs mit *Camellia sasanqua*, die blüht im Winter." Der Gedanke an Kamelien bringt sie aber auch schon zum Lachen: Dies sei gewiss ein Traum, der wieder nicht wahr werden könne; der Boden sei einfach zu kalkhaltig.

Blauglockenbaum, Losbaum, Zierapfel, Pfingstrosen und Flieder setzen jetzt schon wunderbare Farb- und Duftmarken. Im Juli, wenn der neue Garten in hochsommerliche Trägheit versinkt, belebt ihn das frische Blau der Schmucklilien, die in barocker Terracotta und prächtiger Parade den Kanal säumen. In Kübeln zieht Martha Canestrini noch ganz andere Exoten und Prachtstücke, die rund ums Haus mediterranes Flair und großzügige Atmosphäre verbreiten: Zitruspflanzen aller Art, Funkien in diversen Blau- und Grüntönen, oder gar Gardenien: „Die sind heikel, aber ganz brav", sagt sie, atmet das süße Aroma der weißen Blüten ein, streift über das glänzende Laub und verrät, dass sich die Geschenke ihrer Kinder mit Eisenpräparaten und abgestandenem Wasser ganz schön verwöhnen lassen.

Dann holt sie schmackhafte Tomaten aus dem Nutzgarten. Die Sorte 'Arletta' sei besonders gut, und köstlich sei der bunte, überwinterte Mangold, da werde sie die Samen sammeln. Auch die anderen Vitamine sind farblich schön verpackt und in fröhlicher Gesell-

↓ Verwilderte und ursprüngliche Form der Papageien-Tulpe 'Black Parrot', Riesenlauch, Bauern-Pfingstrose

↓ Besonderes Augenmerk erfährt, was sich aussät und kreuzt: Gewöhnliche Akelei, die seltsamerweise am selben Stängel weiße und violette Blüten trägt.
→ Spätfrühlingsblüte im alten Garten
↘ Zeit für die Muse auf der schattigen Terrasse

schaft von Roter Melde und Kamille. „Ich mag das gern, wenn es überquillt und schlampig durcheinanderwächst", freut sich Martha Canestrini, „nächstes Jahr setze ich Brokkoli in die Böschung und säe Amarant zwischen die Perowskien."

Beeindruckende Harmonie zeigt der alte Garten. „Das war der Nutzgarten meiner Mutter und mein Probiergarten." Heute zaubern lauter Blumen und Rosen blühenden Überschwang – von weißer Nachtviole und silberhellem Wermut gedämpft, von Buchs geometrisch gerahmt und von Hohem Sedum durchsetzt, das sich über den Sommer zu prächtigen Horsten aufbaut. Farben und Formen sind hier zu perfekter Pracht kombiniert und ein wahrlich fähiger grüner Daumen wusste zu verhindern, dass die bunten Schönheiten wilde Farbenschlachten untereinander austragen. Sogar das Grün im nahen Elfengarten treibts bunt. Dort zeigen Farn, Waldmeister, Salomonssiegel, Lungenkraut und andere Experten für Zwielichtiges ein fein abgestimmtes Wechselspiel. Gärten ganz in Weiß hält Martha Canestrini für eine langweilige Modeerscheinung. „Aber so, wie die englische Schriftstellerin und Expertin für

Gartenkunst Vita Sackville-West damit umzugehen wusste, dafür kann ich mich durchaus begeistern."

Trotz aller Bekanntheit durch Bücher und Beiträge in Rundfunk und Fernsehen ist Martha Canestrini recht bescheiden. Gerne erzählt sie von dem, was andere tun und gut zu präsentieren wissen, übt sich dabei in Witz und Fantasie, stöbert zwischendurch in ihrer großen Gartenbibliothek und träumt von künftigen Gartenreisen. Herzhaft kann sie über ihre eigenen fehlgeschlagenen grünen Versuche lachen, oder über die Namen chinesischer Strauchpaeonien: „Zerzaustes Kleid einer beschwipsten Konkubine – das ist doch lustig!" Manche dieser Asiatinnen seien eben nichts für prüde Leute.

Noch ein Kaffee und eine Zigarette im Schatten unter Palmen, dann gehts in Seelenruhe zum nächsten Aufnahmetermin. Der Garten, meint sie, muss warten – „Ich lass mich doch nicht verrückt machen."

Fingerblättrige Akebie und Kletterhortensie

↓ Post auf dem Gartentisch: „Seit keiner mehr Liebesbriefe schickt, male ich mir selber welche."

Salbei,
Amarant,
Azalee

SOMMER IM ZIMMER

Kein Glashaus von der Stange ist der Wintergarten, den Oswald Niederegger und Margit Figl an ihrem Haus anbauen ließen. Mit dem Glasbau in viktorianischem Stil setzen sie in Meran eine englische Tradition aus dem 19. Jahrhundert fort, die sie ganzjährig genießen – als grünen Salon mit heilsamer Wirkung auf Körper und Seele.

Mit geschicktem Griff schiebt Margit Figl den Rollstuhl in den Wintergarten, platziert ihn am Tisch und reguliert die Beschattung: Ihrem Oswald sollen schließlich keine flimmernden Sonnenstahlen auf der Nase herumtanzen. Dann streichelt sie zärtlich seine Wangen und erzählt vom Geschehen ringsum: vom Wetter draußen, vom Besuch herinnen, von der Katze Kitty.

Oswald Niederegger wurde im Oktober 2004 Opfer eines schweren Verkehrsunfalls. Als er das Krankenhaus verlassen durfte, brachte ihn seine Lebensgefährtin nicht ins Pflegeheim, sondern – nach Hause in den Wintergarten. Dort umsorgt ihn jetzt eine ganzes Team von Therapeuten. Margit Figl ist ihm eine liebevolle Pflegerin und freut sich, wenn Ärzte ihr Engagement unterstützen: Ihr Beispiel zeige, was an Fortschritten möglich sei bei umfassender häuslicher Pflege und persönlicher Zuwendung.

Der Wintergarten ist zum Ort der Genesung geworden. Hier können seine Bewohner – den Pflanzen gleich – Wurzeln schlagen, aufblühen und sogar über sich hinauswachsen. Wie wertvoll es ist, im Grünen zu leben und mit Pflanzen zu arbeiten, hat Oswald Niederegger bereits vorher erfahren. Viele Heilkräuter hat der Apotheker und Kräuterspezialist selbst gesät, gepflegt, geerntet und genutzt und die Kenntnisse darüber auf Wanderungen und mit einem Buch an andere vermittelt.

Thymian, Basilikum, Minze & Co. besiedeln heute noch die Terrasse. Den größten Platz auf diesem Vorbau nimmt aber der Wintergarten ein: 60 m^2 groß ist die Fläche der filigranen, gläsernen Konstruktion. Die Profile sind aus Hartholz gefertigt und grün gefärbt. „Wir mussten lange suchen, bis wir etwas in Holz und in dieser Art gefunden haben", erzählt Margit Figl, „Eisdielen-Architektur wollten wir keine haben." Fündig wurden sie bei einem englischen Hersteller, der das Glashaus in Teilen anlieferte und in zwei Monaten aufstellte. Von Anfang an habe alles gepasst, der Chef

↑ Hortensien säumen den Aufgang zum Wintergarten
↗ Ein Teil des Wintergartens, im Hintergrund das Schwimmbad
↘ Margit Figl und Oswald Niederegger

selbst sei gekommen und habe sogar das Fundament geplant. Peter Marston ist hier seinem Ruf als „Mister Wintergarten" offensichtlich gerecht geworden.

Mit ihrem Glashaus haben Margit Figl und Oswald Niederegger nicht nur den Wohnraum erweitert, sondern auch die Lebensqualität vergrößert. Jetzt genießen sie die mediterrane Atmosphäre, den Sommerwind, der durch die offenen Türen weht, das Sonnenlicht, die Schattenspiele, die behagliche Wärme im Winter und vor allem das Gefühl, durch das Glas hindurch mit ihrem Garten hautnah verbunden zu sein.

Was Margit Figl Garten nennt, ist in Wirklichkeit eine ganze Gartenwelt und setzt sich zusammen aus Streuobstwiese, Blumengarten, Bambushecke, Rhododendronhügel, Rosenrabatten, Gemüsegarten, Kompostieranlage, Forellenteich und Swimmingpool mit Badehaus – ein buntes, gewachsenes Gemisch, in dem Noblesse und Nostalgie, Eleganz und Nonchalance reizvolle Verbindungen eingehen. Die Blüte der Hortensienhecke, die den Aufgang zum Wintergarten säumt, gleicht einem Auftritt von Primadonnen im Ballkleid. Hübsch sieht es aus, wenn hin und wieder blaue und graue Hennen durch die rosa Blütengala rennen.

Ein ganzes Blütenmeer wogt im Frühjahr, wenn die Rhododendren ihre ausdrucksvollen Trichterblü-

Mit Körnern angelockt, wagen sich die Hühner zum Wintergarten vor.

ten öffnen und die ausladende Sträuchergruppe zur gleichen Zeit im Farbenglanz erstrahlt. Oswald Niederegger hat die vielen Arten und Sorten vor Jahren schon gepflanzt – im Halbschatten und Windschutz hoher Bäume – und dabei nicht nur einen offensichtlich optimalen Standort gewählt, sondern auch spannende Farbkombinationen: Zum Beispiel ein sonnenwarmes Orange neben glühendem Rubinrot, abgeschwächt durch sattes Lila – ein Trio, dessen Farbpalette perfekt harmoniert und einen bestechenden Blickfang bietet.

Ein besonderes Erlebnis bietet der Wintergarten bei Schneegestöber: „Ein Schauspiel", schwärmt die Frau des Hauses. Bezaubernd findet sie nicht nur die Flockenwirbel, sondern auch die weißen Ansichten am Tag danach, wenn die Bäume eine funkelnde Decke tragen und die Sträucher dicke Wattehauben. Solche winterlichen Sternstunden sind im Burggrafenamt aber selten. Oft scheint die Sonne, dann treiben die Christrosen und bringen mit ihren zarten Blütensternen einen Hauch von Sommer ins grüne Zimmer.

Mit Muße im Garten zu zupfen hat Margit Figl nicht mehr die Zeit, aber er gibt ihr Kraft, ein schweres Schicksal zu bewältigen. Sie schwelgt nicht in Erinnerungen und hält sich nicht mit Zukunftsträumen auf. „Ich denke an das Heute und lege mir für jeden nächsten Schritt einen Weg zurecht." Dann schiebt sie den Rollstuhl ein wenig nach rechts, damit ihr Oswald dem Spiel der beiden Hunde Leo und Josi zusehen kann.

↖ Dahlien und Kosmeen schaffen im Hochsommer eine heitere Atmosphäre am Zaun des Bauerngartens.
↑ Dahlie, Sonnenblume
↑ Rhododendrenblüte im Halbschatten und Schutz hoher Bäume
← Dahlie
← Chinesische Azalee

← Marialuise und Bruno Koler → Schattenbepflanzung mit Fleißigen Lieschen, gefüllten Begonien und Hortensien

DAS WOHNZIMMER IM GARTEN

Für Marialuise und Bruno Koler ist ihr Garten das verlängerte Wohnzimmer, und als solches wird er auch gehegt und gepflegt, herausgeputzt und eingepackt, und – je nach Bedürfnis, Umstand und Zeitgeschmack – schon mal von Grund auf verändert. Sogar ein Bozner Gartenpreis wurde ihrem eleganten Freiluftzimmer zweimal zuerkannt.

Am Eingang wartet bereits ein freundliches Empfangskomitee: Hortensie an Hortensie – ein Meer von Blütenkugeln, unter denen die Sträucher fast zusammenzubrechen scheinen. Dahinter, im Halbschatten hoher Bäume, tauchen exotische Pflanzen auf, wahre Prachtstücke, die den gepflegten Rasen als Präsentierteller für ihren großen Auftritt gut zu nutzen wissen.

Von ornamentaler Wirkung sind die riesigen Agaven, die ihre schwertförmigen Blätter mit stechenden Dornspitzen ausstrecken und einrollen wie ein Krake die Tentakel. Auf dem leicht hügeligen Boden vor der hellen Südmauer des Hauses kommen die eindrucksvollen Gestalten besonders gut zur Geltung. Im Blickfeld der Terrasse prominent platziert steht eine Gruppe von *Yucca rostrata*. Die vier Exemplare dieser langsam wachsenden Palmlilienart erreichen hier Mannshöhe und können sich – bei wesentlich geringerem Platzanspruch – in ihrer Ausdrucksstärke durchaus mit *Agave americana* messen.

Die Dame des Hauses blickt zufrieden um sich: „Klein, aber fein!" Dabei hat der Garten mit seinen 450 m^2 eine für städtische Verhältnisse stattliche Größe. Das Besondere daran, findet Marialuise Koler, sei das Exotische, und das Gepflegte: „Wir beide sind zwei ganz Genaue. Wir leben für den Garten und machen nie Ferien, weil wir ihn nicht anderen überlassen möchten." So hätten sie sich eben ein Stück Tropen ins Haus geholt, und wenn sie abends durch ihr beleuchtetes Paradies gingen, fühlten sie sich in die Südsee versetzt.

Genießen lässt sich auch die Ruhe in diesem Refugium. Der Garten eines Opernsängers und Schloss Maretsch bilden die distinguierte Nachbarschaft, sporadischer Verkehrslärm wird von einer hohen Eiben-

↓ Lanzenrosette
↓ Guzmanien
→ Prächtig gediehen, vornehm begleitet und akkurat gepflegt – so präsentiert sich alles im Garten der Familie Koler.

mauer abgefangen. „Hier wohnen wir, vom Frühling bis zum Herbst, vom Frühstück bis zum Abendessen." Mit der kühlen Brise aus dem Sarntal lässt sich sogar die hochsommerliche Hitze gut ertragen.

Langes Verweilen auf der Terrasse hält Marialuise Koler aber nicht aus. Schon möchte sie wieder etwas pflanzen, Blütenkombinationen ausprobieren, Gärtnereien durchforsten nach Neuheiten. Die Unterpflanzung der Palmen und Sukkulenten spiegelt ihre gärtnerische Leidenschaft, die ihr der Angetraute gerne zugesteht: „Es fängt im Frühjahr mit den Primeln an. Nach den Tulpen sind die Saisonpflanzen dran. Im Herbst kommt ein großer Abfallsack, und dann gibt's keinen Pardon!"

Mit „Saisonpflanzen" sind beileibe nicht nur banale Knollenbegonien gemeint, die da – nebst griechischer Amphore – aus der schwarzen Erde ragen, sondern hauptsächlich höchst ungewöhnliches Gewächs: rostfarbene und hellgrüne Süßkartoffeln etwa, oder terrestrische Bromelien mit weinroten Rosetten. Das Ehepaar freut sich, wenn Gäste ihren Garten „Klein-Trauttmansdorff" nennen.

Um das Große kümmert sich der Hausherr. Bruno Koler organisiert Rasenpflege, Bewässerung, Dün-

Nicht nur Farbenpracht – auch zierliche Formen und elegante Linien weiß Marialuise Koler zu schätzen und wirkungsvoll zu positionieren.

gung, Schädlingsbekämpfung, Schnitt und Überwinterung. Dattelpalme und Palmfarn etwa werden jährlich eingepackt – mit viel Vlies, Geschick und Akribie. Schließlich darf bei *Phoenix canariensis* das Herz nicht erfrieren, und wenn man die enormen Blattkränze von *Cycas revoluta* sieht, versteht man die Vorsicht beim Auswickeln im März, wenn die ersten starken Sonnenstrahlen die Wedel verbrennen könnten.

Das Pflanzenreich von Marialuise und Bruno Koler hat sich in 40 Jahren oft gewandelt. Als die Kinder größer wurden, verschwanden Sandkiste und Fahrrad. Als die Garageneinfahrt erneuert wurde und die Exoten einzogen, passte ein Kirschbaum nicht mehr dazu. Der Teich musste weichen, als er zu viel Algenschlamm produzierte. „Und nie wieder", sagt Bruno Koler, „würde ich so schmutzige Bäume setzen wie Zeder und Birke; die bringen uns, wenn der Wind weht, den ganzen Tag nur Dreck."

Flugs ist alles wieder aufgeräumt. Dann lässt er sich ungestört genießen, der grüne Salon im eigenen Heim.

Ewald Gruber in der Flachwasser- und Sumpfzone des Schwimmteichs

BADEN IM EIGENEN BIOTOP

Nach einem harten, heißen Arbeitstag vom eigenen Steg ins Wasser springen – wer wollte das nicht? In Meran haben Christa und Ewald Gruber einen Garten mit Schwimmteich angelegt. Im chlorfreien Wasser, zwischen Seerosen und Libellen, genießen sie die mediterrane Atmosphäre und das grandiose Panorama.

Am Gartentor wird erst einmal eine Entscheidung fällig: Wo zuerst hinschauen? Hinauf zur Kette der nahen Berggipfel, hinüber zu den alten Burgen und Ansitzen, hinein in die bestechenden Blattrosetten des Yucca-Spaliers – oder hinunter auf die Füße des Hausherrn in Schwarz, der rechts einen roten und links einen gelben Gartenschuh trägt?

Von der Dachterrasse aus zeigt sich das Panorama in seiner ganzen Pracht. Der Blick reicht von den Sarntaler Alpen über die Texelgruppe ins Ultental, von Schenna über Dorf Tirol bis zum Pulverturm, von Apfelbaum zu Apfelbaum in allernächster Nachbarschaft. In solche Idylle haben Christa und Ewald Gruber ihr grünes Paradies gebettet. Magischer Blickfang im 2000 m^2 großen, leicht nach Südost geneigten und sanft terrassierten Areal ist die spiegelnde Fläche des großen Gartenteichs. Dieser Teich ist eigentlich ein kleiner natürlicher Badesee. Wie in der freien Natur wird hier das Gewässer von einem breiten Gürtel aus Wasser- und Sumpfpflanzen eingerahmt, der vielen Wasserinsekten und Amphibien Lebensraum bietet, und so wie dort halten auch hier die Pflanzen das Wasser sauber. Der Schwimmbereich in der Mitte nimmt nur ein Drittel der Wasserfläche ein, ist aber 3,20 m tief. „Bestens geeignet für Kopfsprünge", meint der Gartenfreak, außerdem verlangsame diese Wassertiefe die sommerliche Erwärmung und damit die Wassertrübung durch Algen. Beim Schwimmen werde das Wasser umgewälzt, so vermische es sich mit dem gereinigten aus der Vegetationszone.

Absaug- und Umwälztechnik braucht Ewald Gruber also keine, dafür viele „potente Putzer": Unterwasserpflanzen, die Sauerstoff liefern, ihre Nährstoffe direkt dem Wasser entnehmen, also den Algen entziehen, und Schwimmpflanzen, die den Teich beschatten und auf diese Weise die Wassertemperatur niedrig halten.

↓ Elfenblume, Herbstfärbung ↓ Wasserminze → Herbst-Anemone ↘Taglilie

Nährstoffüberschüsse nehmen auch die Pflanzen auf, die im Boden wurzeln, wie Wasserminze, Fieberklee, Rohrkolben, Süßgras oder Seerose. Von der Königin des Wassers tummeln sich hier etwa 30 Stück, und Ewald Gruber findet es gut, dass sie nicht strotzen, sondern nur zarte Blüten und kleine Blätter bilden – dies sei der Beweis für nährstoffarmes Wasser und Substrat, das Grundprinzip eines jeden Schwimmteichs.

Von seinem Badeteich ist der Chirurg rundum begeistert: „Wenn ich nach Hause komme und ins Wasser springe, ist der Stress wie weggeschwemmt – ein Schnitt sozusagen, der die Arbeit von der Muße trennt." Dann könne er genüsslich beachten, was vor seiner Nase tönt und quirlt: Wasseramseln, Posthornschnecken, Libellen ... und natürlich die Frösche; im Juni sei das tatsächlich ein Konzert am See! Und im Winter? „Da laufen wir Schlittschuh."

Im Frühling leuchtet auf der Böschung, die den Sumpfgürtel begrenzt, ein bunter Tulpenteppich. Im Sommer wogt hier ein Meer von Prachtkerzen; die weißen Blüten, mit denen die zarten Triebe von *Gaura lindheimeri* übersät sind, sehen aus wie kleine Schmetterlinge. So ist der Schwimmteich Wellness-Oase und ökologische Einheit von Mensch, Tier und Pflanze zugleich – und außerdem höchst pflegeleicht: Man

Ewald Gruber in seinem Glashaus, das er winters für exotische Pflanzen und sommers für Parties nutzt – mit silberhellen Tillandsien als passendem Dekor.

müsse nur das Herbstlaub aus dem Wasser fischen.

Da bleibt Zeit für den Garten, der einfach alles hat, was Gärtnerherzen höher schlagen lässt: eine weite Rasenfläche, auf der die Palmenarrangements zu schwimmen scheinen; eine Terrasse mit Glyzinenlaube samt einer Auswahl schönster Kübelpflanzen, von Agapanthus bis Zitrone, von Cassia bis Vanilleblume; ein textiles Umkleidehäuschen nebst Freidusche, umweht vom Silberglanz der Blütenfahnen eines Chinaschilfs; ein Staudenbeet mit Teppichen von Maiglöckchen und Japan-Anemonen; ein Trockenbeet mit Sukkulenten und Seltenheiten wie dem Kapernstrauch, dessen Blüte einer Katzenschnauze gleicht; ein Gewächshaus mit Kaffeemaschine, als Winterquartier für Exoten und Sommerhaus für fröhliche Feste; ein „Buschenschank E. Gruber" unter einem Haselstrauch, an dem ein verglastes Badeschaff hängt – ein weltlicher Hausaltar mit Blattgold, Perlen und Pailletten.

Dies und noch viel mehr ist auch vom Wohnzimmer aus zu sehen. Um den Blick entspannt genießen zu können, lässt sich Ewald Gruber in eins der bunten Sofas sinken. Welches wählt er diesmal aus – das rote mit den orangen Kissen, oder das hellgrüne mit den gelben?

↖ Straußfarn mit Hortensie
↑ Birkenpilz
↗ Haselstrauch mit Hausaltar
↗ Funkie im Herbstkleid, gerahmt (im Uhrzeigersinn) von Pfingstrose, Frauenmantel, Dickmännchen, Astilbe, Lavendelheide und Sternjasmin

OASE DER FRISCHE

Wohl dem, der einen kühlen Zufluchtsort für heiße Tage hat. Das Bozner Ehepaar Silvrid und Kurt Eccel zieht mit Kind und Hund jährlich hinauf auf den Ritten in die Sommerfrische. Dort steht ihr Ferienhaus: gebettet in einen großen Garten, gerahmt von grünen Wiesen und beschützt von lichten Bäumen – eine Insel der Seligen.

Die Sommerfrische geht auf vortouristische Zeit zurück, als betuchte Stadtbürger ihr Leben für Monate in höhere Lagen verlegten, um der Hitze und Schwüle des Tals zu entfliehen. Im Mittelgebirge genoss man das schöne Panorama, die kühle Luft und das frische Grün. Die Familie Eccel richtete sich in Oberbozen ein; ihre Villa wurde 1890 errichtet.

Als Silvrid und Kurt Eccel das Ferienhaus renovierten, wurde auch der 2000 m^2 große Garten aufgemöbelt. Mancher Baumriese wurde gefällt oder radikal gestutzt, an die Stelle der dichten, monotonen Fichtenhecke traten Laubbäume mit feuriger Herbstfärbung: Eberesche, Kirsche und Kappadokischer Ahorn beispielsweise. Sogar das verschnörkelte „Gloriettl" hat jetzt wieder seinen Platz und sieht buchstäblich rosigen Zeiten entgegen.

Im Schattenbeet dominieren Funkien das gelungene Spiel mit Blattkontrasten; auf den Sonnenplätzen bieten Zinnien, Brennende Lieben und leuchtende Astern eine knallbunte Blütenpracht. Bärenklau steuert kühne plastische Formen bei. Zwischendrin taucht Ungewöhnliches auf: hier eine Bananenstaude, dort

Silvrid und Kurt Eccel auf Rosenkäferjagd inmitten von Rhododendren und Strauchpfingstrosen.
↖ Aus dem Hintergrund leuchtet das helle Blau des Tibet-Scheinmohns.

Paeonia tenuifolia 'Rubra plena', eine Wildform der Pfingstrose mit fein gefiedertem Blatt und feuerroter Blüte. Blauer noch als Rittersporn und Enzian blüht *Meconopsis betonicifolia*; mit dem Tibet-Scheinmohn hat Silvrid Eccel die Farbe des Himmels über dem Himalaya in ihren Garten geholt.

Das bunte Rhododendronbeet bringt sie mit Raffinesse zum Überschäumen: Im Herbst tränkt sie den sauren Humus mit viel Wasser, gießt einmal pro Woche auch den Winter hindurch, düngt vor und nach der Blüte und spendiert vom Eisen eine Extraportion. „Seitdem blühen sie wie verrückt!"

Auf dem Rasen hat Silvrid Eccel ein Bauerngärtlein eingezäunt, als Hommage an die ländliche Umgebung – ein kleines Idyll inmitten der Pracht, eine Insel auf der Insel. Der Teich ist das Revier ihres Mannes. In Badehose und Schlappen gibt er sich seiner Pflege hin oder genießt den Anblick der Seerosen, Lilien und Gräser. Gerne schaut Kurt Eccel auch den Wasserschlangen zu, oder den Goldfischen; zwei brachte er vor Jahren vom Lunapark mit, heute tummelt sich im Wasser ein ganzer Schwarm.

Im Gartenleben seiner Frau gibt es weniger Beschaulichkeit. Zwar zündet sie sich gern am Gartenteich ein Zigarettchen an, doch bald ist sie wieder unterwegs und auf der Suche nach neuen Herausforderungen. Planen, Pflanzen, Kochen, Kompostieren, Dekorieren – dies alles ist bei ihr Ausdruck einer Leidenschaft, und Leidenschaft lässt bekanntlich keine Ruhe.

Unermüdlich testet sie Exoten auf ihre Winterhärte in 1250 m Meereshöhe – so hoch liegt nämlich ihr Garten. Wenn die Gärtnerin ihres Vertrauens etwa eine neue, robuste Magnolie anbietet, zögert sie keine Minute lang: „Die muss ich haben! Egal, ob sie passt, ich will es einfach probieren. Dann renne ich mit dem Topf eine Stunde durch den Garten, bis ich ein freies Plätzchen finde."

Am Gartenzaun kommt es fast täglich zu Gesprächen mit neugierigen Passanten. Geheimnis oder

Das „Gloriettl", das Bauerngärtlein, der Teich

Ghetto will Silvrid Eccel aus ihrem Garten keines machen: „Ich mag es, wenn ich hinausschauen und ein Anderer hereinsehen kann." Interessiert sind die Spaziergänger vor allem an der Kunst, die im Garten zur Schau steht – interessant findet ihre Besitzerin die Interpretationen: Die Installation mit den Pfählen hält man für ein Bleistiftbündel oder den Winterschutz einer Pflanze, die Eselsfigur für ein Lama. Und dem besten Stück der Skulptur „Geiler Specht" von Franz Messner werde bei jedem Kirchweihfest im Dorf ein Weißbierglas-Kondom übergestülpt. „Ich besitze bereits eine stattliche Sammlung", amüsiert sich Silvrid Eccel.

Der „Hausfreund" steht oben am Balkon, mannsgroß, ganz in Linde und vornehm versunken in den Anblick der Landschaft. Die einen sehen in der Schnitzfigur Luis Trenker, andere wollen einen Ahnen der Familie erkennen. Kurt Eccel zieht ihr winters eine warme Jacke an: Es werde dann nämlich recht frisch hier heroben.

Strauchpfingstrose, Türkischer Mohn

↑ „Geiler Specht" und „Hausfreund"
↗ Installation mit Pfählen
Ihr Sommerfrischhaus besuchen Silvrid und Kurt Eccel auch im Winter: Der Rhododendron braucht an warmen Sonnentagen Wasser, der „Hausfreund" eine wärmende Jacke.

AMMINISTRAZIONE PROVINCIALE DI SIENA
DIVIETO
DI CACCIA
ZONA DI RIPOPOLAMENTO
E CATTURA
Art. 16 L.R. n 3 del 12/01/1994

BLÜTEN AUF HOHEM NIVEAU

Mitten in Bozens Altstadt hat sich das Architektenpaar Elisabeth Schatzer und Walter Pardeller eine Oase geschaffen – oben auf dem Dach! Im Schutz begrünter Mauern, ungestört von Nachbarn, neugierigen Blicken und dem Straßenlärm entzogen, lebt es sich friedlich und ungeniert. Wenn in lauen Sommernächten die Zikaden verstummen, schlagen die beiden unter Rosen und Sternen ihr Lager auf.

Eines der alten Stadthäuser in der Museumstraße hat etwas, was andere nicht haben: Nach hinten hinaus birgt es ein grünes Paradies. Fällt einmal die schwere Haustür ins Schloss, wird es mit einem Schlag still. Schmale Gänge führen in einen kleinen Innenhof, dann geht es zwei Treppen hinauf in eine lichtdurchflutete Wohnung, die als Krone einen Topfgarten trägt – ein Refugium für Pflanzen, Tiere und Menschen. Die etwa 160 m² große, auf zwei Ebenen verteilte Dachterrasse ist eingerahmt von einer Feuermauer, einem Hofgarten und einem Blauglockenbaum, dessen mächtige Krone aus dem Innenhof ragt. Einen Steinwurf entfernt strahlt die porphyrrote Südwand der Herz-Jesu-Kirche die tagsüber gespeicherte Wärme ab.

„Die Terrasse ist unser Wohnzimmer", erzählt Walter Pardeller, „hier verbringen wir viel Zeit. Wir ziehen mit der Sonne: zum Frühstück auf die Südseite, zum Mittagessen in den Schatten der Nordterrasse, und zum Abendessen steigen wir hinauf, vorbei an der Feuermauer mit dem rankenden Sternjasmin – und

← Elisabeth Schatzer und Walter Pardeller auf der Dachterrasse
↑ Tomaten Marke Eigenbau

mit jedem Schritt weiter in die Duftwolke hinein."

Bevor die beiden einzogen, war das Dach eine kahle Terrasse gewesen. Auf die Idee, darauf einen Dachgarten anzulegen, brachte sie der Blauglockenbaum: „Er hat die Atmosphäre bestimmt und uns herausgefordert." Wo früher Wäsche hing, genießen jetzt Palme, Olive, Lavendel & Co. heiße Stunden, wo früher kahle Wände waren, weben jetzt Passionsblumen und Wilder Wein einen lebhaft grünen Pelz, der Kühle spendet und im Herbst den feurigsten Ton angibt.

Was mit einer Sonnenblume im Topf begann, hat sich zu einer Parade von 150 Kübelpflanzen ausgewachsen: Da stehen Agaven, Zitronen, Hortensien, Bambus, Oleander, Feigen, Pfeifenputzer und Lorbeer, Rosen über Rosen und – für die Küche – Kräuter aller Art. Aus Hochbeeten ranken Weinreben, Tomaten und Bohnen; die Brombeeren und Himbeeren wachsen einem geradezu in den Mund, Erdbeeren ufern in flächendeckende Teppiche aus – Augenschmaus und Gaumenfreude zugleich! Und laufend kommt Neues dazu: ein Gastgeschenk, ein grüner Vagabund, ein unbekanntes Flugobjekt schlägt Wurzeln. Vieles wächst wild, ein Feigenbäumchen beispielsweise, geradewegs aus der Mauer heraus. „Und wenn wir eine Gärtnerei besuchen, sehen wir immer etwas Spannendes. Dann kommt man mit der Pflanze heim und denkt sich: Wo stell ich die jetzt wieder hin?"

Platz findet alles. Das eine oder andere ist nach Blütenfarbe arrangiert, mancher Standort hat sich zufällig ergeben. „Nichts muss bleiben, wie es ist", meint der Architekt, „Töpfe kann man ja verstellen, und die Palmen und Agaven müssen so und so ins Winterquartier." Ansonsten hält sich der Aufwand in Grenzen: „Wir versuchen, die Pflanzen möglichst lange nicht umzutopfen. Und was sprießt, darf wachsen, wird Teil des Ganzen."

Der Garten dient den beiden als Entspannung und ist keineswegs ihr einziger Lebensinhalt. Sind sie mal länger nicht zuhause, staunen sie darüber, was sich inzwischen alles verändert hat. Von diesem Langmut

Urbanes Leben zwischen Tieren und Pflanzen unterm Himmelszelt

profitieren die Tiere. Elisabeth Schatzer füttert jeden Morgen die Amseln, Meisen und Rotkehlchen, wohl wissend, dass die Vögel im Herbst keine einzige Weintraube übrig lassen werden. Dafür singen sie schön und richten eine fröhliche Kinderstube ein. Auch die Marder zu beobachten, die angriffslustige herrenlose Katze, den überbordenden Schmetterlings- und Hummelbesuch ... das sei fantastisch. „Unser Garten ist eine Stadtlandschaft zwischen Pflanzen und Tieren – kein Biotop, sondern ein Urbanotop."

Elisabeth Schatzer verbringt viel Zeit mit dem Gießen, und das nicht nur aus Pflichtbewusstsein: Klar, es müsse sein, die Pflanzen wären sonst beleidigt. Aber Gießen tue auch ihrer Seele gut, sie liebe es und brauche diese Zeit zum Abschalten. So genießt sie das allabendliche feuchte Vergnügen in vollen Zügen, geht mit der Brause von Topf zu Topf und schaut den Zucchini beim Wachsen zu, während sie nebenan ausgiebig die Erde der Tomaten tränkt. Niemals möchte sie sich mit einer automatischen Bewässerungsanlage dieser vollkommenen Stunde berauben lassen. „Und wenn ich dann ins Bett steige und darin frische Rosenblütenblätter finde, ist der Tag perfekt!"

↑ Sommerbett vor Kirchenfassade
↗ Wilder Wein

↑ Feigenbaum auf der Terrasse
↗ Im ebenerdigen Atelier wächst ein Feigenbaum aus der Ziegelmauer.

Paradiesvogelblume am Hauseingang im Innenhof

Botanische Begriffe

In diesem Buch werden weitgehend die deutschen Pflanzennamen verwendet; der Verlag listet hier die lateinischen Entsprechungen auf.

Agave: Agave
Alant: Inula
Frauenmantel: *Alchemilla mollis*
Aleppo-Kiefer: *Pinus halepensis*
Amarant: Amaranthus
Ananaskirsche: *Physalis pruinosa*
Andenbeere: *Physalis peruviana*
Apfel: Malus
Astilbe, Prachtspiere: Astilbe
Aubergine: *Solanum melongena*
Aurikel: *Primula auricula*
Baldrian: *Valeriana officinalis*
Balearischer Buchs: *Buxus balearica*
Bambus: Bambusa
Banane: Musa
Banks-Rose: *Rosa banksiae* 'Lutea'
Barbarakresse: *Barbarea vulgaris*
Basilikum: *Ocimum basilicum*
Bauern-Pfingstrose: *Paeonia officinalis*
Baum der Reisenden: *Ravenala madagascariensis*
Baumfarn: *Dicksonia antarctica*
Baumspinat: *Chenopodium giganteum*
Begonie, Knollenbegonie: Begonia
Beinwell: *Symphytum* spec.
Bergbohnenkraut: *Satureja montana*
Berglorbeer, Lorbeerrose: *Kalmia latifolia*
Bilsenkraut: Hyoscyamus
Binsenginster: *Spartium junceum*
Birke: Betula
Blasenbaum: *Koelreuteria paniculata*
Blaue Rapunzel, Teufelskralle: Phyteuma
Blauglockenbaum: *Paulownia tomentosa*
Blaukissen: Aubrieta
Blautanne: *Abies pinsapo* 'Glauca Kelleriis'
Blumenhartriegel: *Cornus florida*
Blutpflaume: *Prunus cerasifera*
Bohne: *Phaseolus vulgaris*
Borretsch: *Borago officinalis*
Braunstieliger Streifenfarn: *Asplenium trichomanes*
Braunwurz: Scrophularia
Brennnessel: Urtica
Brombeere: *Rubus fruticosus*
Bromelie: Bromelia
Buche: Fagus
Buchsbaum: Buxus
Chinesische Azalee, Genter Azalee: *Rhododendron molle*
Christrose: *Helleborus niger*
Coultersföhre: *Pinus coulteri*
Dahlie: Dahlia
Dattelpalme: *Phoenix dactylifera*
Dichternarzissen: *Narcissus poeticus*
Dickmännchen, Ysander: *Pachysandra terminalis*
Dill: *Anethum graveolens*
Dinkel: *Triticum aestivum*
Diplomatenkraut, Eisenkraut: *Verbena officinalis*
Duftnessel: Agastache
Eberraute: *Artemisia abrotanum*
Echte Mispel: *Mespilus germanica*
Echter Lavendel: *Lavandula angustifolia*
Efeu: Hedera
Eibe: Taxus
Eiche: Quercus
Eichenblättrige Hortensie: *Hydrangea quercifolia*
Eisenhut: *Aconitum napellus*
Engelstrompete, Stechapfel: Brugmansia
Engelwurz: Angelica
Enzian: Gentiana
Erbse: *Pisum sativum*
Erdbeerbaum: *Arbutus unedo*
Erdbeere: Fragaria
Erdbeerspinat: *Blitum capitatum*
Esche: Fraxinus
Estragon: *Artemisia dracunculus*
Eukalyptus: Eucalyptus
Fächer-Ahorn: *Acer palmatum*
Färberhundskamille: *Anthemis tinctoria*
Färberwaid: *Isatis tinctoria*
Federnelke: *Dianthus plumarius*
Feigenkaktus: *Opuntia ficus-indica*
Feldsalat: *Valerianella locusta*
Fetthenne: Sedum
Fichte: Picea
Fieberklee: Menyanthes
Fingerblättrige Akebie: *Akebia quinata*
Fingerhut: Digitalis
Flaum-Eiche: *Quercus pubescens*
Fleißiges Lieschen: *Impatiens walleriana*
Forellensalat s. Kopfsalat
Frauenmantel: Alchemilla
Frauenschuh: Phragmipedium
Funkie: Hosta
Garten-Fuchsschwanz, Amarant: *Amaranthus caudatus*
Gazanie, Mittagsgold, Mittagsgoldblume: *Gazania*
Gefleckte Taubnessel: *Lamium maculatum*
Geißblatt, Heckenkirsche: *Lonicera x brownii*
Gelber Enzian: *Gentiana lutea*
Gemeiner Wurmfarn: *Dryopteris filix-mas*
Gewöhnliche Akelei: *Aquilegia vulgaris*
Ginkgo: *Ginkgo biloba*
Glyzine, Glyzinie, Blauregen: Wisteria
Goldlack: Cheiranthus
Granatapfel: *Punica granatum*
Greisenhaupt: *Cephalocereus senilis*
Großblättriges Kaukasus-Vergissmeinnicht: *Brunnera macrophylla*
Gurke: *Cucumis sativus*
Guzmanie: Guzmania
Haferwurzel: *Tragopogon porrifolius*
Hainbuche: *Carpinus betulus*
Hanfpalme: Trachycarpus
Hartriegel: Cornus
Hauswurz: Sempervivum
Heckenknöterich: *Fallopia aubertii*
Heiligenkraut: Santolina
Herbst-Anemone, Japan-Anemone: *Anemone x hybrida*
Himbeere: *Rubus idaeus*
Hirschzungenfarn: *Phyllitis scolopendrium*
Hortensie: Hydrangea
Igelweizen: *Triticum compactum*
Impatiens, Balsamine: Impatiens
Ispahanischer Emmer: *Triticum ispahanicum*
Japan-Anemone, Herbst-Anemone: *Anemone x hybrida*
Japanische Faserbanane: *Musa basjoo*
Japanische Skimmie: *Skimmia japonica*
Japanische Wollmispel: *Eriobotrya japonica*
Johannisbeere (Rote und Schwarze): *Ribes rubrum, R. nigrum*
Judasbaum: *Cercis siliquastrum*
Jungfer im Grünen: *Nigella damascena*
Kamelie: Camellia
Kamille: *Matricaria recutita*
Kampferbaum: *Cinnamomum camphora*
Kanadischer Rauweizen: *Triticum turgidum*
Karotte: *Daucus carota*
Kartoffel: *Solanum tuberosum*
Kastanie (Rosskastanie): *Aesculus hippocastanum*
Katzenminze: Nepeta
Katzenpfötchen: Antennaria
Keulenlilie: *Cordyline australis*
Kiwano, Morgensterngurke, Stachelgurke: *Cucumis metuliferus*
Klatschmohn: *Papaver rhoeas*
Klebsame: Pittosporum
Kletterhortensie: *Hydrangea petiolaris*
Knabenkraut: Dactylorhiza
Kochsalat, Bindesalat: *Lactuca sativa var. longifolia*
Kohl: *Brassica oleracea*
Königsfarn: *Osmunda regalis*
Königskerze: Verbascum

Kopfsalat 'Forellensalat': *Lactuca sativa var. capitata*
Kopfsalat, Butterkopfsalat: *Lactuca sativa var. capitata nidus jaggeri*
Kork-Eiche: *Quercus suber*
Kornblume: *Centaurea cyanus*
Krachsalat, Bataviasalat, Eissalat: *Lactuca sativa var. capitata nidus tenerimma*
Krapp, Färberröte: *Rubia tinctorum*
Krokus: *Crocus vernus*
Küchenschelle, Kuhschelle: Pulsatilla
Kugeldistel: Echinops
Kumquat: Fortunella
Kürbis: Cucurbita
Lagerstroemie, Kreppmyrte, Affenrutschbaum: *Lagerstroemia indica*
Lanzen-Funkie: *Hosta lancifolia*
Lanzenrosette: *Aechmea fasciata*
Lärche: Larix
Lavendel: Lavandula
Lebende Steine: Lithops
Lederhülsenbaum: *Gleditsia triacanthos*
Lilie: Lilium
Linde: Tilia
Lorbeerblättrige Zistrose: *Cistus laurifolius*
Lungenkraut: Pulmonaria
Maggikraut, Liebstöckl: *Levisticum officinale*
Magnolie: Magnolia
Mahonie: Mahonia
Majoran: *Origanum majorana*
Malve, Stockrose: *Alcea rosea*
Mammutbaum: *Sequoiadendron giganteum*
Mangold: *Beta vulgaris ssp. vulgaris convar. cicla*
Marienblatt, Frauenminze: *Chrysanthenum balsamita*
Marokkanisches Leinkraut: *Linaria maroccana*
Maulbeerbaum: Morus
Mäusedorn: *Ruscus aculeatus*
Melisse: Melissa
Meraner Rose: *Rosa fortunes* 'Double Yellow'
Minze: Mentha
Mittelmeerschneeball: *Viburnum tinus*
Mohn: *Papaver orientale*
Monarde, Indianernessel: Monarda
Muskatellersalbei: *Salvia sclarea*
Myrte: Myrtus
Nachtviole: *Hesperis matronalis*
Narzisse: Narcissus
Nelkenkirsche: *Prunus serrulata* 'Kanzan'
Nieswurz: Helleborus
Opuntie: Opuntia
Orange: *Citrus sinensis*
Orangenblume: *Choisya ternata*
Origano: *Origanum vulgare*
Palmfarn: *Cycas revoluta*
Pantoffelblume: Calceolaria
Paradiesvogelblume: *Strelitzia reginae*
Perowskie: Perovskia
Perückenstrauch: *Cotinus coggygria*
Petersilie: *Petroselinum crispum*
Pfingstrose: Paeonia
Phlox, Flammenblume: Phlox
Pinie: Pinus
Pomeranze, Bitterorange: *Citrus aurantium*
Portugiesischer Kirschlorbeer: *Prunus laurocerasus lusitanica*
Prachtkerze: *Gaura lindheimeri*
Primel: Primula
Purpursonnenhut: *Echinacea purpurea*
Rhododendron, Azalee: Rhododendron
Riesenlauch: *Allium giganteum*
Ringelblume: Calendula
Rittersporn: Delphinium
Rohrkolben: Typha
Rose: Rosa
Rosmarin: *Rosmarinus officinalis*
Rote Bete: *Beta vulgaris ssp. vulgaris convar. vulgaris*
Rote Johannisbeere: *Ribes rubrum*
Rote Melde, Melde, Gartenmelde: *Atriplex hortensis*
Roter Fingerhut: *Digitalis purpurea*
Salbei: *Salvia officinalis*
Salomonssiegel: Polygonatum
Scharfer Mauerpfeffer: *Sedum acre*
Schleierkraut: Gypsophila
Schmetterlingsorchidee: Phalaenopsis
Schmuckblattmahonie: *Mahonia bealei*
Schmuckkörbchen: Cosmea
Schmucklilie: Agapanthus
Schneeball: Viburnum
Schneeglöckchen: Galanthus
Schnittlauch: *Allium schoenoprasum*
Schnittsalat, Pflücksalat: *Lactuca sativa var. crispa*
Schwarzer Bambus: *Phyllostachys nigra*
Schwertlilie: Iris
Schwiegermuttersessel: *Echinocactus grusonii*
Seerose: Nymphaea
Seidelbast: Daphne
Seidenbaum, Schlafbaum: *Albizia julibrissin*
Sellerie: *Apium graveolens*
Skabiose: Scabiosa
Skabiose, Witwenblume: *Scabiosa atropurpurea*
Spargelsalat, Stängelsalat: *Lactuca sativa var. angustana*
Spinnwebige Hauswurz: *Sempervivum arachnoideum*
Spitzblaukraut: *Brassica oleracea convar. capitata var. capitata rubra 'Vysocke'*
Spornblume: *Centranthus ruber*
Stachelbeere: *Ribes uva-crispa*
Stechpalme: Ilex
Steinbrech: Saxifraga
Stein-Eiche: *Quercus ilex*
Sternjasmin: *Trachelospermum jasminoides*
Sternkugellauch: *Allium christophii*
Stockrose, Stockmalve: Alcea rosea
Storchschnabel: Geranium
Strauchpfingstrose, Strauchpäonie: *Paeonia suffruticosa*
Straußfarn: *Matteuccia struthiopteris*
Süßgras: *Glyceria maxima*
Taglilie: Hemerocallis
Teufelsabbiss: *Succisa pratensis*
Terpentinpistazie: *Pistacia terebinthus*
Thymian: Thymus
Tibetorchidee: *Pleione limprichtii*
Tibetprimel: *Primula florindae*
Tillandsie: Tillandsia
Tomate: *Lycopersicon esculentum*
Tomatillo: *Physalis ixocarpa*
Tränendes Herz: *Dicentra spectabilis*
Tulpe: Tulipa
Türkenbund-Lilie: *Lilium martagon*
Ulme, Rüster: Ulmus
Veronika, Ehrenpreis: Veronica
Wacholder: Juniperus
Waid: *Isatis tinctoria*
Waldmeister: *Galium odoratum*
Walzen-Wolfsmilch: *Euphorbia myrsinites*
Washingtonie, Priesterpalme: Washingtonia
Wasserhyazinthe: *Eichhornia crassipes*
Wasserminze: *Mentha aquatica*
Weide: Salix
Weigelie, Liebliche Weigelie: *Weigela florida 'variegata'*
Weinrebe: *Vitis vinifera*
Weißdorn: Crataegus
Weizen: Triticum
Wermut: *Arthemisia absinthum*
Wicke: *Lathyrus odoratus*
Wildeinkorn: *Triticum boeoticum*
Wilder Wein: *Parthenocissus quinquefolia*
Wolfsmilch: Euphorbia
Yucca, Palmlilie: Yucca
Zaubernuss: *Hamamelis mollis*
Zeder: Cedrus
Zichoriensalat: *Cichorium intybus*
Zinnie: Zinnia
Zistrose: Cistus
Zitrone: *Citrus limon*
Zitronenagastache: *Agastache mexicana* 'Toronjil morado'
Zitronenstrauch, Zitronen-Verbene: *Aloysia triphylla syn. Lippia citrodora*
Zitronenthymian: *Thymus serphyllum citrodoro*
Zürgelbaum: *Celtis*
Zwergpalme: *Chamaerops humilis*
Zwiebel: *Allium cepa*
Zylinderputzer: Callistemon
Zypresse: Cupressus

Wo gibt es sie, die schönen Pflanzen?

Pflanzencenter Auer Hansjörg
39042 Brixen, Rienzdamm 50
Tel. 0472 836329, Fax 0472 834336
info@auer.it, www.auer.it
Seit über 75 Jahren der kompetente Partner, wenn es um Blumen geht – ob Garten, Balkon, Terrasse oder innovative Innenraumgestaltung: Zierpflanzen bringen Farbe in jeden Alltag und sorgen für Entspannung und Wohlbefinden.

Galanthus
Gärtnerei im Konvent
39011 Lana, Erzherzog-Eugen-Straße 3
Tel. 0473 563911, Fax 0473 564850
info@galanthus.it, www.galanthus.it
Große Auswahl an Heil-, Duft- und Küchenkräutern aus biologischem Anbau; „Arche Noah"-Sortenraritäten; 150 Jahre alter Klostergarten; Baumschulanlage, die mit Sitzgelegenheiten und verschlungenen Wegen zum Verweilen einlädt.

Gärtnerei Josef Kircher
39100 Bozen, Pfarrhofstraße
Tel. 0471 251149, Fax 0471 251143
kircher@kircher.it, www.kircher.it
Breites Pflanzensortiment für Beet und Balkon, Garten und Terrasse; Stauden, Koniferen, Sträucher. Fachbetrieb für Innenraumbegrünung mit großer Auswahl an Zimmerpflanzen und Gefäßen. Gartengestaltung und -pflege, Grabpflege.

Luther GrünKultur
39012 Meran – Gratsch, Leiterstraße 11A
Tel. 0473 443032, Fax 0473 443272
info@luther.it, www.luther.it
Traditionsbetrieb, der auf die Anfänge des 20. Jh. zurückgeht: tiefes Pflanzensortiment, anspruchsvolle Präsentation sowie niveauvolle Dienstleistungen im Bereich der Floristik und Gartengestaltung; plant und realisiert Schwimmteiche.

Garten-Baumschule Obojes
39030 Olang, Bahnhofstraße 6
Tel. 0474 496184, Fax 0474 498220
info@obojes.it
Die Alpingärtnerei liegt auf 1080 m, sie führt besondere Laub- und Nadelgehölze, Obstgehölze, Rosen, Kletterpflanzen, Stauden, Heckenpflanzen, Beet- und Balkonblumen und bietet auch Gartengestaltung.

Erlebnisgärtnerei Reifer
39040 Vahrn, Brennerstraße 87/A
Tel. 0472 835436, Fax 0472 208119
info@reifer.it, www.reifer.it
Erlebnisgärtnerei mit exotischen Pflanzen in der Lounge; Freilandbereich mit großer Pflanzenauswahl: von Koniferen und Blütensträuchern über Stauden und Obstbäumen bis hin zu Palmen. Planung und Gestaltung von Gärten und Parkanlagen.

Gärtnerei Rottensteiner
39100 Bozen – Moritzing, Perelegraben 3
Tel. 0471 920103, Fax 0471 204441
info@rottensteiner.eu,
www.rottensteiner.eu
Qualitätspflanzen: vom exotischen Affenrutschbaum über den japanischen Bonsai bis zur Zypresse. Pflanzgefäße, Natursteine. Planung und Gestaltung von Garten- und Parkanlagen, Dach- und Terrassenbegrünung.

Gärtnerei Schullian
39100 Bozen, Meraner Str. 75/A
Tel. 0471 933006, Fax 0471 513237
info@schullian.it, www.schullian.it
Die Gärtnerei für drinnen und draußen: außergewöhnliches Ambiente zwischen Palmen, Orchideen und Zitruspflanzen. Klassische und Englische Duftrosen, Minze-, Salbei- und Basilikum-Raritäten. Events rund um Kunst und Pflanzen.

Gärtnerei Spornberger
39040 Auer, Traminer Straße 12
Tel. 0471 810 679, Fax 0471 811276
info@spornberger.it, www.spornberger.it
Große Auswahl an heimischen und exotischen Pflanzenarten: Balkon-, Beet-, und Zimmerpflanzen, Stauden, Sträucher und Bäume. Zubehör für den Gärtner, Pflanzenverleih. Individuelle Gartengestaltung durch Fachleute vor Ort.

Gärtnerei Wielander
39012 Meran, Marlinger Straße 19
Tel. 0473 449590, Fax 0473 221667
info@wielander.bz, www.wielander.bz
Zimmer- und Gartenpflanzen in großer Auswahl, mediterrane Besonderheiten und vieles mehr. Eine Gärtnerei, die auf Wohlgefühl für Herz und Seele setzt.